rororo sport
Herausgegeben von Bernd Gottwald

Über den Autor

Berend Breitenstein, geboren 1964, ist Ernährungswissenschaftler (Dipl. oec. troph.) und lizenzierter Bodybuilding-Trainer. Er ist im Besitz der Athletenlizenz der World Natural Bodybuilding Federation (WNBF/New York) und nimmt an internationalen Profimeisterschaften dieses Verbandes in den Vereinigten Staaten von Amerika teil. Im Rowohlt Taschenbuch Verlag sind bereits von ihm erschienen: Bodybuilding. Erfolgreich, natürlich, gesund (Nr. 19426), Power-Bodybuilding. Erfolgreich, natürlich, gesund (Nr. 19470), Bodybuilding. Die besten Übungen (Nr. 19483), Die Kraftküche. Einfach, schmackhaft, gesund (Nr. 19496), Bodybuilding. Die besten Methoden (Nr. 61007) und Hometrainer Bodybuilding (Nr. 61019).
Als VHS ist von ihm erschienen: Natural Training. Erfolgreicher Muskelaufbau ohne Doping (2001). Als VHS und DVD ist erschienen: Men's Power Body – Natürliches Bodybuilding (Polyband, 2001).
www.berend-breitenstein.de

Berend Breitenstein

Bodybuilding:
Massive Muskeln

Die besten Übungen | Schritt-für-Schritt-Fotos
Mit 90-Tage-Programm

Fotos Horst Lichte

Rowohlt Taschenbuch Verlag

Danksagung

Für die Bereitstellung der in diesem Buch gezeigten Trainingsgeräte gilt mein besonderer Dank dem Fit-Food Store in Hamburg und der Firma Gym 80 in Gelsenkirchen.

Originalausgabe I Veröffentlicht im Rowohlt Taschenbuch Verlag GmbH, Reinbek bei Hamburg, Januar 2003 I Copyright © 2003 by Rowohlt Taschenbuch Verlag GmbH, Reinbek bei Hamburg I Redaktion Michaela Breit I Umschlaggestaltung any.way, Barbara Hanke/Cathrin Günther (Foto: TAKE) I Modell Berend Breitenstein I Layout Christine Lohmann I Satz Clarendon und Meta PostScript I Gesamtherstellung Clausen & Bosse, Leck I Printed in Germany I ISBN 3 499 61038 8

Die Schreibweise entspricht den Regeln der neuen Rechtschreibung.

Vorwort 8

Training für massive Muskeln 9

- Körpertypgerecht trainieren und essen 10
- Schweres Training für massive Muskeln 15
- Muskeln wachsen nach dem Training 22
- Freie Gewichte sind erste Wahl 31
- Die besten Methoden 33

Ernährung für massive Muskeln 38

- Diese Lebensmittel bauen Muskeln auf 42
- Präferenzliste 49
- Tipps zur Vorratshaltung 50
- Tagesbeispiele für jeden Körpertyp 53
- Die besten Nahrungsergänzungen 58

Die besten Übungen zum Aufbau massiver Muskeln 63

- Oberschenkelmuskulatur 64
- Brustmuskulatur 74
- Rückenmuskulatur 88
- Schultermuskulatur 102

Bizepsmuskulatur 116

Trizepsmuskulatur 124

Unterarmmuskulatur 134

Wadenmuskulatur 140

Bauchmuskulatur 144

Übungen zum Dehnen der Muskeln 148

Trainingsprogramme 161

Ganzkörpertraining 162

Training für den Ektomorph 163

Training für den Mesomorph 170

Training für den Endomorph 178

Anhang 187

Übungsverzeichnis 188

Literatur 191

Vorwort

Der Aufbau von massiven, kompakten Muskeln ist eines der hauptsächlichen Trainingsziele im Bodybuilding. Herausragende, fortgeschrittene Bodybuilder zeichnen sich durch eine volle Muskulatur von hoher Dichte aus. Arme, die massiv und prall sind, eine Brustmuskulatur, die jedes Hemd sprengt, und Beine, so stabil und kräftig wie Litfaßsäulen. Darum dreht es sich im Bodybuilding.

Ich habe mich dem drogenfreien, natürlichen Bodybuilding verschrieben und kann aus eigener Erfahrung sagen, dass es durchaus möglich ist, beeindruckende Muskelmasse auch ohne den Gebrauch von potenziell gesundheitsschädlichen Dopingpräparaten wie beispielsweise Anabolika oder Wachstumshormonen aufzubauen. Dazu braucht es allerdings viel Zeit und Geduld. Auf Dauer gesehen werden diejenigen Athleten die erfolgreichsten sein, die diszipliniert, beharrlich und klug auf das Erreichen ihrer Ziele hinarbeiten und dabei ihre eigenen körperlichen Voraussetzungen berücksichtigen.

Das vorliegende Buch «Massive Muskeln» als der siebte Baustein der Bodybuilding-Reihe im Rowohlt Verlag soll Ihnen, lieber Leser, als Trainings- und Ernährungsleitfaden für den Aufbau von massiven, kompakten Muskeln dienen. Der Übungsteil zeigt die besten Übungen für den Masseaufbau jeder Muskelgruppe und wird durch eine Auswahl der für den Trainingserfolg wichtigen Dehnübungen ergänzt. Die am Ende des Buches beschriebenen Trainingspläne geben Empfehlungen für die Gestaltung des eigenen Trainings.

Jetzt liegt es an Ihnen. Gehen Sie ins Studio und bewegen Sie schweres Eisen. Der Lohn für Ihre Anstrengungen wird eine beeindruckende Körperentwicklung und ein großartiges Gefühl von Stärke und Leistungsfähigkeit sein.

Viel Freude und Erfolg im Training
wünscht Ihnen

Berend Breitenstein

Training
für massive Muskeln

1

Körpertypgerecht trainieren und essen

Jeder Mensch zeigt eine unterschiedliche Veranlagung zum Muskelaufbau. Die genetischen Voraussetzungen sind von Athlet zu Athlet verschieden. Deshalb gibt es im Bodybuilding so etwas wie eine allgemein gültige, beste Trainingsmethode nicht. Bei einem Blick in Ihr Studio werden Sie eine Vielzahl von Figurtypen sehen. Die Bandbreite reicht dabei von sehr schlank bis zu sehr korpulent. Manche Aktive können aufgrund ihres muskulösen, gut durchtrainierten Körpers bereits als Vorbild für die eigenen Trainingsziele dienen. So vielfältig die körperlichen Erscheinungsformen der Menschen sind, so unterschiedlich muss der Trainings- und Ernährungsplan organisiert werden, damit optimale persönliche Fortschritte im Körperaufbau auch tatsächlich erzielt werden.

Um einen besseren Einblick in die verschiedenen genetischen Voraussetzungen zu bekommen, betrachten wir zunächst einmal die unterschiedlichen Körpertypen. Grundsätzlich gibt es drei Hauptformen von Körpertypen: den schlanken Ektomorph, den muskulösen Mesomorph und den dicklichen Endomorph.

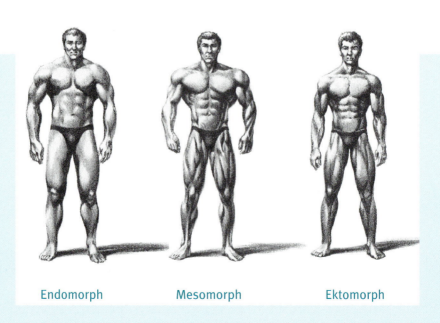

Endomorph   Mesomorph   Ektomorph

Ektomorph

Dieser Körpertyp ist schlank, hat häufig lange Arme und Beine und einen schmalen Brustkorb. Die Stoffwechselgeschwindigkeit ist sehr schnell, und der Ektomorph muss um jedes Kilo Gewichtszunahme wirklich kämpfen.

Mesomorph

Der Mesomorph hat die besten genetischen Voraussetzungen für den Muskelaufbau. Er ist von Natur aus muskulös und stark mit einem großen Brustkorb, breiten Schultern und einer schlanken Taille.

Endomorph

Aufgrund seines langsamen Stoffwechsels neigt der Endomorph zum Fettansatz und muss daher besonders darauf achten, während der Massephase nicht übermäßig viel Körperfett anzusetzen. Die Muskeln erscheinen eher weich, die Hüften sind oftmals breit und das Gesicht rundlich.

Bei dieser Einstufung der drei Körpertypen ist es wichtig zu bemerken, dass kein Mensch hundertprozentig einem Typus zuzuordnen ist, sondern dass es immer zu einer Mischform von zwei Typen kommt, mit dominierenden Anteilen eines Typs. Es gibt zum Beispiel den ekto-mesomorphen Typ, der zwar von Natur aus dünn ist, aber aufgrund der mesomorphen Körpertypanteile gute Veranlagung zum Muskelaufbau zeigt. Oder der meso-endomorphe Typ, der aufgrund seiner dominierenden mesomorphen Anteile eine hervorragende Voraussetzung zum Muskelaufbau zeigt, aber wegen der endomorphen Veranlagung darauf achten muss, nicht zu viel Körperfett anzusetzen.

So variantenreich sich die Natur in der genetischen Verteilung körperlicher Merkmale zeigt, muss ganz klar gesagt werden, dass jeder Körpertyp beeindruckende Erfolge in der Körperentwicklung erzielen kann, wenn typgerecht trainiert und gegessen wird.

Für den Aufbau von massiven, kompakten Muskeln gibt es grundsätzlich nichts Effektiveres als schweres, hartes Training in Verbindung mit einer bedarfsgerechten Ernährung und ausreichender Erholung. Der folgende Grundsatz gilt für jeden Körpertyp, wenn es darum geht, Muskelmasse aufzubauen:

Schweres Training + bedarfsgerechte Ernährung + genügend Ruhe = massive Muskeln

Wichtig ist, dass die Trainingshäufigkeit, die Übungsanzahl pro Muskelgruppe sowie die pro Übung trainierten Sätze und Wiederholungen für jeden Typ individuell dosiert wird. So empfiehlt es sich beispielsweise für den Ektomorph die Trainingshäufigkeit und den zeitlichen Gesamtumfang der einzelnen Trainingseinheiten niedriger anzusetzen als für den Meso- oder Endomorph. Die auf den Seiten 161 bis 186 beispielhaften körpertypgerechten Trainingspläne sollen Ihnen als Leitfaden für die eigene Trainingsplanung dienen.

Wie im Training gelten auch für die Ernährung unterschiedliche Richtlinien für die einzelnen Körpertypen, um massive Muskeln ohne übermäßigen Fettansatz aufzubauen.

Insbesondere der Nährstoffrelation, also der mengenmäßigen Aufnahme der drei Hauptnährstoffe Kohlenhydrate, Eiweiß und Fett, kommt hierbei eine Schlüsselrolle zu. Die richtige bedarfsangepasste Ernährung ist einer der wichtigsten Erfolgsfaktoren im Muskelaufbau. Der ektomorphe Typ sollte beispielsweise einen höheren Kohlenhydratanteil in seiner Masseaufbauernährung berücksichtigen als der endomorphe Typ. Der Endomorph neigt unter den Körpertypen besonders zum Fettansatz. Da nicht die Nahrungsfette, sondern zu viele und «falsche» Kohlenhydrate die Dickmacher Nr. 1 sind (siehe auch die Seiten 42 bis 46), ist es für den Endomorph empfehlenswert, den Kohlenhydratverzehr vergleichsweise niedrig anzusetzen. Die beispielhaften Ernährungstagespläne für jeden Körpertyp auf den Seiten 53 bis 57 sollen Ihnen als Leitfaden für Ihr eigenes Ernährungsprogramm dienen.

MUSKELFASERTYPEN

Neben der Einstufung in die verschiedenen Körpertypen muss eine weitere genetische Voraussetzung bei der Gestaltung des eigenen individuellen Trainingsprogramms berücksichtigt werden, nämlich die Verteilung der verschiedenen Muskelfasertypen im Körper.

Die Skelettmuskeln bestehen aus langsam kontrahierenden (Slow-Twitch, Typ 1) und schnell kontrahierenden (Fast-Twitch, Typ 2) Fasertypen. Hinzu kommt ein dritter Fasertyp, ein Zwischentyp, der nicht eindeutig einem der beiden Typen zuzuordnen ist. Wir konzentrieren unsere Betrachtung auf die beiden hauptsächlichen Muskelfasertypen, nämlich den langsam und den schnell kontrahierenden Fasertyp.

Langsam kontrahierende Muskelfasern werden aufgrund des hohen Gehalts an rotem Muskelfarbstoff, dem Myoglobin, auch als rote Muskelfasern bezeichnet. Myoglobin ist für den Sauerstofftransport im Blut von entscheidender Bedeutung. Die roten langsam kontrahierenden Muskelfasern ermöglichen besonders ausdauernde Leistungen, bei denen Kohlenhydrate und Fett unter Beteiligung von Sauerstoff als Energielieferanten verbrannt werden. Sportarten, bei denen diese so genannte aerobe Energiegewinnung überwiegt, sind zum Beispiel Marathonläufe, die Tour de France oder das Langstreckenschwimmen. Bei einem Blick auf die in diesen Sportarten aktiven Top-Athleten zeigt sich, dass beispielsweise deren Beinmuskulatur sehr gut trainiert ist, aber im Hinblick auf Muskelmasse und Kompaktheit den Ansprüchen im Bodybuilding nicht gerecht wird.

Schnell kontrahierende Muskelfasern werden auch als weiße Muskelfasern bezeichnet, da sie einen geringeren Anteil an Myoglobin enthalten. Die weißen Muskelfasern werden immer dann aktiviert, wenn es darum geht, hoch intensive, kurzfristige Kontraktionen auszuführen, und das auch ohne die Beteiligung von Sauerstoff (anaerobe Energiegewinnung). Die Energiegewinnung innerhalb dieses Fasertyps erfolgt in erster Linie durch Kohlenhydrate. Top-Athleten in Sportarten, in denen vorwiegend die weißen Muskelfasern aktiviert werden, also zum Beispiel im 100-Meter-Sprint, zeigen im Vergleich zu Langstreckenläufern eine sehr stark ausgeprägte Oberschenkelmuskulatur, die jedem durchschnittlichen Bodybuilder Ehre machen würde.

Grundsätzlich besteht ein ungefähres Gleichgewicht in der Verteilung der roten und weißen Muskelfasern im Körper, aber es gibt durchaus Athleten, die von Natur aus mit einem hohem Anteil roter oder weißer Muskelfasern ausgestattet sind. Da die weißen Muskelfasern über ein höheres Wachstumspotenzial verfügen als die roten Muskelfasern, können sich diejenigen unter Ihnen, liebe Leser, glücklich schätzen, bei denen die Natur ihren Schwerpunkt auf weiße Muskelfasern gelegt hat. Auch ist es so, dass es innerhalb der einzelnen Muskelgruppen des Körpers durchaus zu einer unterschiedlichen prozentualen Verteilung der weißen und roten Muskelfasern kommen kann. So können die Oberschenkel- und Wadenmuskeln zu einem höheren Anteil aus langsam kontrahierenden Muskelfasern bestehen und die Bizepsmuskeln sich aus einem höheren Prozentsatz aus weißen Muskelfasern zusammensetzen. Während die roten Muskelfasern besser auf höhere Wiederholungszahlen pro Satz reagieren (12 bis 25), werden die weißen Muskelfasern am besten mit niedrigeren Wiederholungszahlen (5 bis 8) pro Satz zum Wachstum stimuliert. Die individuell unterschiedliche Muskelfaserverteilung muss also bei der Organisation des Trainings berücksichtigt werden. Sie müssen für sich selber herausfinden, auf welche Reizintensitäten und Wiederholungen pro Satz Ihr Körper am besten mit Muskelwachstum reagiert. Dazu braucht es eine Menge Geduld, die Bereitschaft, mit unterschiedlichen Trainingsmethoden zu experimentieren, und das genaue Beobachten der eigenen körperlichen Reaktionen.

Jeder erfolgreiche Bodybuilder hat im Laufe von Monaten oder sogar Jahren das für sich persönlich optimierte Trainings- und Ernährungsprogramm ermittelt, das auf seinen speziellen Körpertyp bestmöglich zugeschnitten ist. Das zeigen zahlreiche Beispiele aus der Praxis. Die Top-Athleten im Bodybuilding verfolgen dabei teilweise sehr unterschiedliche Trainingsphilosophien. So ist zum Beispiel von Mike Mentzer (†), dem Vize-Mr.-Olympia 1979 und Weltmeister 1978, bekannt, dass er ein Befürworter von sehr kurzen und äußerst intensiven Trainingseinheiten war. Mentzer ist der Begründer des Heavy-Duty Trainingssystems. Dass seine Methodik erfolgreich ist, stellte nicht nur er selber eindrucksvoll unter Beweis, sondern auch zahlreiche andere Athleten, die seinen Trainingsansatz für ihr eigenes Training verwendeten. Die erfolgreichsten Beispiele hierfür sind Dorian Yates, sechsfacher Mr. Olympia, oder Lee Labrada, Vize Mr. Olympia und Gewinner zahlreicher Profi-Wettkämpfe. Auf der anderen Seite erzielen Athleten ebenso herausragende Erfolge mit einem ganz anderen Trainingsansatz, der auch gerne als Volumentraining bezeichnet wird. So ist zum Beispiel von Arnold Schwarzenegger, dem siebenfachen Mr. Olympia, oder von Ronnie Colemann, ebenfalls mehrfacher Mr. Olympia, bekannt, dass beide gerne mit sehr vielen Sätzen und höheren Wiederholungszahlen pro Satz trainierten bzw. trainieren. Und von Serge Nubret, Vize-Mr. Olympia 1975 und Bezwinger des «unglaublichen Hulks» Lou Ferringo, ist bekannt, dass er seine Brustmuskeln mit bis zu 20 Sätzen Bankdrücken mit jeweils 20 Wiederholungen aufbaute!

Diese Beispiele sollen verdeutlichen, dass es so etwas wie ein allgemein gültiges bestes Trainingssystem nicht gibt. Jeder Körpertyp reagiert anders auf das Training, gleiches gilt für die Ernährung. Unzweifelhaft bildet schweres Training aber die Grundlage einer herausragenden Körperentwicklung.

Schweres Training für massive Muskeln

Muskelaufbau ist kein Kinderspiel. Erfolgreiche Bodybuilder haben viele Stunden härtestes Training hinter sich, und Schmerz ist ihnen ein wohl bekannter Begleiter. Jener Schmerz, der dadurch hervorgerufen wird, dass die Muskelfasern durch die Anhäufung von Milchsäure während eines intensiven Satzes nahezu unerträglich brennen und sich das Gefühl einstellt, die Muskeln stehen im wahrsten Sinne des Wortes in Flammen. Diejenigen, die bereit sind, diesen Schmerz zu ertragen, und sich möglichst weit in die Schmerzzone vorwagen, werden erfolgreich sein. Der Lohn der Mühe ist ein herausragender Körper, muskulös und stark in der Erscheinung, und ein großartiges Körpergefühl, das sich nicht beschreiben lässt, sondern am eigenen Leibe erlebt werden muss. Alles hat seinen Preis – dieser Grundsatz gilt auch für das Bodybuilding. Wer erfolgreich bis an seine genetischen Grenzen im Muskelaufbau gehen möchte, der muss Schmerzen ertragen können und vor allem zu einem bereit sein: schwer zu trainieren. Zwar ist Bodybuilding kein Gewichtheben oder Powerlifting, das heißt, es kommt nicht darauf an, für eine Maximalwiederholung möglichst viel Gewicht zu bewältigen. Aber es ist ein wesentlicher Bestandteil für optimierten Muskelaufbau, ständig danach zu streben, mehr Wiederholungen mit demselben Gewicht oder mit mehr Gewicht die gleiche Anzahl von Wiederholungen pro Satz zu schaffen. Mit welcher Reizintensität, das heißt mit welchen Gewichten, im Bodybuilding am ehesten trainiert werden sollte, zeigt die Tabelle auf Seite 19. Bevor Sie sich aber daran machen, in einem Training neue persönliche Bestleistungen aufzustellen, sollten Sie Ihrem Körper unbedingt die Gelegenheit dazu geben, sich auf das nachfolgende Training vorzubereiten und damit Verletzungen zu vermeiden.

Bevor es losgeht: Aufwärmen nicht vergessen!

Wer kennt sie nicht, die Sportskollegen, die ins Studio kommen, in der Umkleide verschwinden, herauskommen und sich auf die Hantelbank legen, um ein Gewicht nach oben zu drücken, das ihnen gerade einmal fünf oder sechs Wiederholungen ermöglicht? Das Ganze natürlich, ohne sich zunächst aufgewärmt zu haben. Oftmals geben solche Aktiven auf die Frage, was denn mit Aufwärmen sei, als Antwort, das wäre doch nicht nötig. Weit gefehlt! Durch das richtige Aufwärmen werden nicht nur Verletzungen so gut wie ausgeschlossen, sondern auch die Leistungsfähigkeit im Training erhöht.

Wenn Sie bereits aktiver Bodybuilder sind, dann wird Ihnen sicherlich alleine bei der Vorstellung, ohne ausreichende geistige und körperliche Vorbereitung mit schweren Gewichten zu trainieren, das kalte Grausen kommen. Was heißt aber richtiges Aufwärmen? Nun, grundsätzlich bedeutet das, so viel wie nötig und so wenig wie möglich zu machen. Denn man kann es mit dem Aufwärmen auch übertreiben, das heißt, zu viel des Guten tun und dadurch die Leistung für das eigentliche Training reduzieren. Ein vernünftiges und klug durchdachtes Aufwärmprogramm im Bodybuilding sollte insgesamt ca. 10 bis maximal 15 Minuten dauern und sich aus insgesamt 4 Schritten zusammensetzen:

1. Die psychische Einstellung auf das Training.
2. Das allgemeine Aufwärmen.
3. Dehnen.
4. Das spezielle Aufwärmen.

Die psychische Einstellung auf das nachfolgende Training bildet den ersten Schritt. Der Kopf lenkt den Körper, und nur, wenn Sie voll auf das Training eingestellt sind, werden Sie hoch intensive muskelaufbauende Trainingseinheiten absolvieren können. Befreien Sie Ihren Geist möglichst von allen Ablenkungen, zum Beispiel von Problemstellungen in der Arbeit oder im Privatleben. Gönnen Sie sich im Training eine Auszeit vom Alltag. Versuchen Sie sich für die maximal 90 Minuten Trainingszeit ganz darauf zu konzentrieren, Ihren körperlichen Zielen wieder ein Stück näher zu kommen. Dafür müssen Sie es schaffen, eventuelle private oder berufliche Probleme draußen vor der Studiotür zu lassen. Machen Sie sich Ihre Ziele bewusst, stellen Sie sich im Geiste die Übungen, die Sie im nachfolgenden Training machen werden, vor, und sehen Sie vor Ihrem geistigen Auge, wie Sie mit schweren Gewichten trainieren und neue persönliche Bestleistungen aufstellen. Diese geistige Einstellung auf das Training kann bereits auf dem Weg ins Studio oder aber auch sehr gut mit der zweiten Stufe des Aufwärmens, des so genannten allgemeinen Aufwärmens, kombiniert werden. Beim allgemeinen Aufwärmen machen Sie eine Aktivität, die mindestens 1/6 der Gesamtkörpermuskulatur belastet, beispielsweise Radfahren auf dem Ergometer oder Treppensteigen auf dem Stepper.

Machen Sie derartige allgemein aufwärmende Aktivitäten mit mittlerer Intensität über einen Zeitraum zwischen 7 bis 10 Minuten. Während Sie also zum Beispiel auf dem Radergometer sitzen, stimmen Sie sich geistig voll und ganz auf das nachfolgende Training ein. Das allgemeine Aufwärmen resultiert in einer ganzen Reihe wünschenswerter körperlicher Reaktionen, die als optimierte Vorbereitung für das schwere Training anzusehen sind: Im Hinblick auf die Reaktionen des Herz-Kreislauf-Systems bedeutet das ein Ansteigen der Herzfrequenz, die Atmung vertieft sich, und die Blutfließgeschwindigkeit ist erhöht. Bezüglich der Muskulatur führt das allgemeine Aufwärmen zu einem Anstieg der Muskel- und Körperkerntemperatur, die Versorgung mit Sauerstoff und Nährstoffen wird verbessert, der Stoffwechsel intensiviert und die Muskeldurchblutung erhöht. Und last, but not least dient diese zweite Stufe im Aufwärmprogramm auch als Verletzungsschutz für Gelenke, Bänder und Sehnen, da es zu einer vermehrten Bildung der Knorpel ernährenden Gelenkflüssigkeit kommt. Dadurch kann man mit schweren Gewichten in der sicheren Überzeugung trainieren, dass man den Körper gut vorbereitet hat.

Die dritte und vierte Stufe des Aufwärmens, sprich Dehnungen und das spezielle Aufwärmen, können sehr gut im Wechsel gemacht werden. Stellen wir uns einmal vor, Sie werden ein Brusttraining machen. Nachdem Sie geistig darauf eingestellt sind und das allgemeine Aufwärmen absolviert haben, machen Sie zunächst einen sehr leichten Satz der ersten Brustübung, beispielsweise Schrägbankdrücken mit der Langhantel (siehe Seite 76). Nehmen Sie für diesen ersten Aufwärmsatz ein Gewicht, das bei ungefähr 50 Prozent Ihres eigentlichen Trainingsgewichts liegt. Sollten Sie mit 100 Kilogramm 6 Wiederholungen im Schrägbankdrücken schaffen, dann legen Sie ca. 50 Kilo auf die Langhantel und machen 10 sehr korrekte langsam ausgeführte Wiederholungen. Nach diesem ersten Satz dehnen Sie die Brustmuskeln anhand einer Dehnübung (siehe Seite 154) und machen danach noch einen Satz Schrägbankdrücken mit demselben leichten Gewicht wie im ersten Satz. Für den zweiten Aufwärmsatz erhöhen Sie die Wiederholungsgeschwindigkeit, bleiben aber erneut bei 10 locker trainierten Wiederholungen. Diese beiden leichten Aufwärmsätze zu je 10 Wiederholungen werden als spezielles Aufwärmen bezeichnet, da Sie ganz gezielt den Bewegungsablauf der ersten Brustübung, in unserem Beispiel das Schrägbankdrücken, trainieren.

Die positiven Auswirkungen des speziellen Aufwärmens sind eine erhöhte Kontraktionsgeschwindigkeit der Muskulatur, die Nervenbahnen werden auf eine schnelle Reaktion vorbereitet, das Nerv-Muskel-Zusammenspiel verbessert sich, und der muskuläre Tonus wird erhöht. All das ist natürlich sehr effektiv für den Schutz vor Verletzungen. Damit wird deutlich, welchem Risiko sich der eingangs erwähnte Sportler aussetzt, der sich direkt auf die Bank legt und mit schwerem Gewicht trainiert. Die Verletzungsvorbeugung von Dehnübungen vor dem Training ist zwar heute noch nicht mit Sicherheit belegt, aber dennoch sehr zu empfehlen. Es genügen hierbei eine oder zwei Dehnübungen für je einen oder zwei Durchgänge zu je 20 bis 30 Sekunden, am besten im Wechsel mit dem speziellen Aufwärmen. Nach einem derartigen Aufwärmprogramm, beziehungsweise einer derartigen Trainingsvorbereitung, sind Sie jetzt bereit, sicher und effektiv mit schweren Gewichten zu trainieren. Was heißt denn aber schwer, und wie hoch sollten die Gewichte sein, mit denen im Bodybuilding trainiert wird, damit optimales Muskelwachstum erzielt wird?

REIZINTENSITÄT UND TRAININGSWIRKUNG

Oberstes Ziel im Bodybuilding ist der Aufbau von massiven, kompakten Muskeln. Um dieses Ziel zu erreichen, ist es erforderlich, im Training mit schweren Gewichten und 5 bis maximal 15 Wiederholungen pro Satz zu arbeiten. Denn so wird das Muskelwachstum am effektivsten stimuliert. Viele Bodybuilder trainieren einfach nicht intensiv genug, um optimales Muskelwachstum zu erzielen. Für den Aufbau von kompakter, massiver Muskulatur zählt in erster Linie schweres Training. Wie aus der Tabelle auf Seite 19 ersichtlich, werden die Muskelfasern am besten mit mittleren bis submaximalen Reizintensitäten zum Dickenwachstum stimuliert. Das bedeutet grundsätzlich, dass mit solchen Gewichten pro Satz trainiert werden sollte, die im 60- bis 85-prozentigen Bereich der maximalen Kraftleistung für eine Wiederholung liegen. Als Beispiel: Wenn Ihre Bestleistung im Bankdrücken eine Wiederholung mit 100 Kilogramm beträgt, dann sollten Sie als Trainingsgewicht für die einzelnen Sätze 60 bis 85 Kilogramm wählen. Dementsprechend wird es Ihnen möglich sein, pro Satz zwischen 6 und 15 Wiederholungen zu schaffen und hohe Wachstumsreize für die Muskulatur zu setzen.

Die Erfahrung aus der Praxis zeigt häufig, dass Bodybuilder, die dichte, kompakte Muskelmasse aufbauen möchten, in erster Linie mit Sätzen zwischen 6 bis maximal 10 Wiederholungen mit schweren Gewichten die besten Ergebnisse erzielen. Liegen die für die einzelnen Trainingssätze ausgeführten Wiederholungen zwischen 15 und 25, bei einer Reizintensität von 40 bis 60 Prozent der maximalen Kraftleistung für eine Wiederholung, so wird in erster Linie die Kraftausdauer und weniger das Muskelwachstum verbessert.

Reizintensität (100% = 1 Maximalwiederholung)	Reizdauer (Wiederholungen pro Satz)	Trainingswirkung
leicht 40 – 60%	15 – 25	Kraftausdauer
mittel 60 – 80%	8 – 15	Muskelfaserverdickung (Hypertrophie)
submaximal 80 – 85%	6 – 8	Hypertrophie Intramuskuläre Koordination
schwer 90 – 95%	2 – 4	Intramuskuläre Koordination Maximalkraft
maximal 95 – 100%	1 – 2	Intramuskuläre Koordination Maximalkraft

Aber auch hier bestätigen Ausnahmen die Regel. Sehr empfehlenswert ist zum Beispiel ein Kniebeugentraining (siehe Seite 64), in dem Sätze gemacht werden, die sich aus bis zu 50 Wiederholungen zusammensetzen. Besonders in der Kniebeuge scheinen sich höhere Wiederholungszahlen pro Satz als äußerst effektiv für den Muskelaufbau an Oberschenkeln und Po auszuwirken. Es erscheint sogar fast so, als würden nicht nur die Beine von einem derartigen Training profitieren, sondern der ganze Körper einen Wachstumsschub erleben. Da spreche ich aus eigener Erfahrung. Versuchen Sie einmal für einen ca. 6- bis 8-wöchigen Zyklus Ihre Wiederholungszahlen in der Kniebeuge nach oben zu schrauben. Angenommen, Sie machen momentan mit 90 Kilogramm 10 korrekte, tiefe Wiederholungen in der Kniebeuge. Streben Sie danach, in jedem Kniebeugentraining die Wiederholungszahl zu erhöhen. Das heißt, steigern Sie jede Woche um ca. 2 bis 5 Wiederholungen und setzen Sie sich als Ziel, insgesamt 50 tiefe, korrekt ausgeführte Wiederholungen zu schaffen. Sie werden den außergewöhnlich guten Trainingseffekt an Ihrem eigenen Leibe erleben, und das Resultat wird im Spiegel deutlich sichtbar sein. Die Veteranen unter Ihnen werden sich sicherlich noch an Tom Platz erinnern, der für viele der wahre Mr. Olympia 1981 war, sich aber mit dem dritten Platz zufrieden geben musste. Es gab und gibt wohl bis heute keinen Athleten, der eine derart gigantische Entwicklung der Oberschenkelmuskulatur vorzuweisen hatte wie Tom Platz. Ich selber habe mit eigenen Augen gesehen, wie er auf der FIBO vor einigen Jahren 23 absolut korrekte Wiederholungen mit 220 Kilogramm in der Kniebeuge machte!

Ein Blick auf seine gewaltigen Beine zeigt ohne jeden Zweifel, dass hohe Wiederholungszahlen in der Kniebeuge wirken. Einen Versuch ist es auf jeden Fall wert!

Sehr schwere Gewichte, das heißt schwere bis maximale Reizintensitäten mit einer bis vier Wiederholungen pro Satz, wirken sich besonders auf die Kraftentwicklung positiv aus und zeigen einen geringeren Trainingseffekt bezüglich des Muskelwachstums. Die zeitliche Dauer des Trainingsreizes, das heißt des einzelnen Satzes, ist bei derart schweren Gewichten einfach zu gering, um in optimalem Muskelaufbau zu resultieren. Trotzdem ist es phasenweise sehr empfehlenswert, mit besonders schweren Gewichten und 2 bis 5 Wiederholungen pro Satz zu trainieren. So wird das Nerv-Muskel-Zusammenspiel, die so genannte intramuskuläre Koordination, sehr effektiv geschult. Nach einem ca. 6- bis 8-wöchigen Krafttrainingszyklus wird es Ihnen dann möglich sein, mit schweren Gewichten mehr Wiederholungen pro Satz zu schaffen, beziehungsweise Ihre Kraftleistungen für die eigentlichen Muskel aufbauenden Sätze mit 5 bis 8 Wiederholungen deutlich zu verbessern und dadurch neue Zuwächse im Muskelaufbau zu erzielen.

NERV-MUSKEL-ZUSAMMENSPIEL

Warum schweres Training so wichtig für den Muskelaufbau ist, ist auch im Zusammenspiel von Nerven- und Muskelzellen begründet. Nervenzellen und Muskelzellen stehen miteinander in Verbindung. So versorgt eine Nervenzelle immer eine bestimmte Anzahl von Muskelzellen mit Nervenimpulsen. Man spricht in diesem Zusammenhang auch von der so genannten motorischen Einheit. Stellen wir uns einmal vor, Sie bereiten sich auf einen Satz Schrägbankdrücken mit der Langhantel (siehe Seite 76) vor. Sie liegen auf der Schrägbank, greifen die Hantel und beginnen damit, das Gewicht aus der Halterung zu drücken. Der Befehl zur Muskelkontraktion, sprich zum Beginn der Wiederholung, kommt aus Ihrem Kopf, der Großhirnrinde. Die Großhirnrinde ist quasi so etwas wie die Befehlszentrale für die Kontraktionen der Skelettmuskulatur. Die Nervenimpulse zur Kontraktion werden über die Vorderhornzellen des Rückenmarks an die Empfangsstation der Zielmuskulatur, der so genannten motorischen Endplatte, weitergeleitet.

Hier werden die Nervenimpulse auf die Muskelzelle übertragen, und die Muskelzelle reagiert mit Anspannung. Je schwerer das Gewicht, das Sie zum Beispiel beim Schrägbankdrücken verwenden, umso mehr motorische Einheiten werden gleichzeitig aktiviert, denn jede motorische Einheit besitzt eine unterschiedlich hohe Er-

Die motorische Einheit (aus: Markworth 1995)

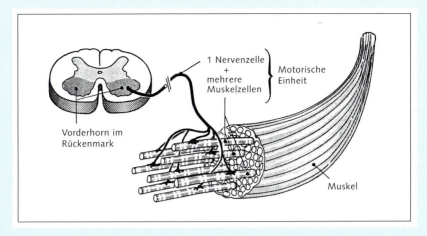

regungsschwelle. Dabei werden nur diejenigen motorischen Einheiten aktiviert, deren Erregungsschwelle erreicht ist bzw. die für das Nach-oben-Drücken des Gewichts erforderlich sind. Training mit schweren Gewichten und Wiederholungszahlen zwischen 6 und 8 pro Satz aktiviert eine hohe Anzahl von Muskelzellen beim Schrägbankdrücken insbesondere in Ihrer Brust-, Schulter- und Trizepsmuskulatur. Ein logischer Schluss daraus ist: Je mehr Muskelzellen aktiviert werden, umso mehr Fasern können auf den Trainingsreiz durch Verdickung reagieren. Das sollten Sie sich immer wieder ins Gedächtnis zurückrufen, wenn Ihnen nicht der Sinn nach schwerem Training steht. Leichte Gewichte aktivieren immer nur eine geringere Anzahl von Muskelzellen zur Kontraktion als schwere Gewichte, und daher ist es nur mit schweren Gewichten möglich, wirklich kompakte und massive Muskeln aufzubauen.

Fazit: Um Verletzungen zu vermeiden, wärmen Sie sich richtig auf und legen Sie dann so viel Gewicht auf die Hantel, dass Sie pro Satz zwischen 6 und 10 Wiederholungen schaffen. Grundsätzlich bauen solche schweren Trainingssätze am besten dichte, kompakte Muskulatur auf. Es ist darüber hinaus für erfolgreiches Bodybuilding sehr wichtig, die eigenen körperlichen Reaktionen auf unterschiedliche Reizintensitäten und Wiederholungen pro Satz zu beobachten und daraus die für eine persönlich optimierte Trainingsplanung richtigen Schlüsse zu ziehen.

Muskeln wachsen nach dem Training

Sie befinden sich in einer harten Trainingseinheit. Heute fordern Sie Ihre Brustmuskeln bis an die Grenze der Belastbarkeit. Ihr Training setzt sich aus den Grundübungen zusammen. Als erste Masse aufbauende Übung steht Schrägbankdrücken mit der Langhantel (siehe Seite 76) auf dem Programm – eine klassische Übung für den Aufbau von kompakten, massiven oberen Brustmuskeln. Da Sie um die Bedeutung von schweren Gewichten für den Aufbau von Muskelmasse mit hoher Dichte wissen, bilden drei schwere Sätze Schrägbankdrücken zu je 6 bis 8 Wiederholungen den Einstieg in das Brusttraining. Natürlich machen Sie vor dem ersten schweren Satz einen oder zwei Aufwärmsätze, um Verletzungen zu vermeiden. Aber dann wird es Ernst. Die nachfolgenden drei Sätze haben es wirklich in sich und stellen hohe Anforderungen an Ihre körperliche und geistige Leistungs- oder vielleicht besser gesagt Leidensfähigkeit. Damit Sie auch wirklich alles aus den Brustmuskeln rausholen können, haben Sie zusätzlich beim Schrägbankdrücken im letzten Satz noch zwei Intensivwiederholungen (siehe Seite 35) angehängt. Da Ihr Partner genau weiß, wie viel er Ihnen bei den Intensivwiederholungen helfen muss, damit Sie die beiden finalen Wiederholungen noch schaffen, müssen Sie wirklich alles geben, um das Gewicht zur Hochstrecke zu bringen. Nach dem letzten intensiven Satz dieser ersten Brustmuskelübung folgen als Nächstes fliegende Bewegungen auf der Schrägbank (siehe Seite 82). Schließlich sollen die oberen Brustmuskeln richtig gefordert werden, damit die Brust dieses pralle, runde Aussehen bekommt. Und das Gefühl, nach einer schweren Druckübung eine Zugübung über den vollen Bewegungsradius zu machen, ist einfach klasse. Nach einem sehr leichten Aufwärmsatz, der dazu dient, in die Bewegung hineinzukommen und sich auf die Übung einzustellen, entscheiden Sie sich für den ersten Satz für ein Gewicht, das Ihnen zwischen 12 und 15 Wiederholungen ermöglicht. Sie müssen alles geben, um die 15 WH zu schaffen, und nach diesem ersten, mittelschweren Satz, in dem die Brustmuskeln nach den 10 Wiederholungen so brannten, als wäre ein heißes Messer in die Fasern der oberen Muskelpartie gefahren, können Sie den wohlverdienten «Pump» genießen. Die Brustmuskeln fühlen sich prall und voll an, und jetzt können Sie es kaum erwarten, mit dem Training fortzufahren.

Ihre Motivation, Ihr Bestes zu geben, ist sehr hoch, und Sie entscheiden sich für weitere zwei Sätze Fliegende auf der Schrägbank, dieses Mal mit schweren Gewichten und 6 bis 10 Wiederholungen pro Satz. Nach diesen Sätzen fliegender Bewegungen erleben Sie das Hochgefühl, das sich immer dann einstellt, wenn die Muskeln voll durchblutet sind und eine gute Portion Endorphine im Blut aufgrund des schweren, harten Trainings jetzt in erhöhtem Maße pulsieren. Aber noch ist nicht Schluss. Als dritte Übung Ihres Brusttrainings steht das Bankdrücken mit der Langhantel (siehe Seite 74) auf dem Programm. Nach der Zugbewegung durch die Fliegenden auf der Schrägbank können Sie jetzt die Brustmuskeln durch das Bankdrücken noch einmal so richtig hart zusammenquetschen und einen sehr effektiven Wachstumsreiz setzen. 3 Sätze zu je 6 bis 10 Wiederholungen fordern Ihren Brustmuskeln alles ab, zumal Sie sich für die Methode der umgekehrten, abgestumpften Pyramide entschieden haben (siehe Seite 36). Nach dem üblichen leichten Aufwärmsatz zu 10 Wiederholungen beginnen Sie mit dem schwerstmöglichen Gewicht für 6 bis 10 Wiederholungen. In den folgenden zwei Sätzen reduzieren Sie dann das Gewicht auf der Hantel um jeweils ca. 10 Kilogramm und machen erneut zwischen 6 und 10 Wiederholungen pro Satz. Idealerweise steht Ihr Partner hinter Ihnen und passt auf für den Fall, dass Sie das Gewicht plötzlich nicht mehr alleine nach oben drücken können. Und tatsächlich stockt das Gewicht im letzten Satz bei der 7. Wiederholung – alleine geht nichts mehr. Aber da Sie sich jetzt in einem wahren Rauschzustand befinden, rufen Sie Ihrem Partner zu, dass Sie noch zwei Wiederholungen mit Hilfe machen wollen. Und Sie machen es. Okay, eigentlich könnten Sie jetzt mit dem Brusttraining aufhören, aber Sie entscheiden sich noch für eine letzte, wirklich schmerzhafte Bewegung, den fliegenden Bewegungen mit dem Kopf nach unten (siehe Seite 84). Ziel dieser abschließenden Übung ist es nicht, mit möglichst schweren Gewichten zu trainieren, sondern den Brustmuskeln noch einmal alles abzuverlangen und die vorwiegend langsam kontrahierenden Muskelfasern durch höhere Wiederholungszahlen pro Satz, zwischen 15 und 20, zu belasten. Zwei bis drei Sätze bilden den krönenden Abschluss Ihres Brusttrainings. Um die Muskulosität in der Brust richtig auszuprägen, machen Sie die letzten 3 bis 5 Wiederholungen pro Satz unter Anwendung der Höchstspannungsmethode. Das heißt, Sie halten die Bewegung am höchsten Punkt, also dann, wenn sich Ihre Hände berühren, für zwei bis drei Sekunden an und drücken die Brustmuskeln so stark wie möglich zusammen. Das Brennen ist nahezu unerträglich, und der Schweiß tropft von Ihrer Stirn, aber nachdem Sie den letzten Satz fliegender Bewegungen gemacht haben, fühlen sich Ihre Brustmuskeln so hart und voll an, dass Sie das Gefühl haben, die Muskelfasern würden jeden Augenblick die Haut sprengen. Das war ein wahrhaft phantastisches Training, und Sie haben wieder einen Schritt zum Erreichen Ihrer körperlichen Ziele getan!

Aber eben nur einen ersten Schritt. Jetzt heißt es auszuruhen, sich zu erholen, den Muskeln die dringend benötigten Nährstoffe zu geben, die zum Aufbau benötigt werden. Denn eines ist ganz wichtig und darf niemals vergessen werden: Muskeln wachsen nach dem Training! Sie haben durch das Training die Muskelfasern zum Wachstum gereizt, aber das wird nicht geschehen, wenn Sie Ihren bis an die Grenze der Belastbarkeit geforderten Muskeln nicht die nötige Zeit zur Regeneration geben. Es ist von entscheidender Bedeutung für Ihren Erfolg als Bodybuilder, dass Sie dem Körper genügend Zeit zur Erholung bis zum nächsten Training geben. Der Wechsel zwischen Be- und Entlastung muss dabei die zeitlich so gestaltet werden, dass die Muskelfaserverdickung, die Hypertrophie, auch tatsächlich einsetzen kann.

Superkompensation

Das Prinzip der Superkompensation, der überschießenden Wiederherstellung, ist eines der grundlegenden Prinzipien im Bodybuilding. Während des Trainings kommt es zunächst zu einem Abbau von Muskelsubstanz und Nährstoffen, also von Eiweiß, Kohlenhydraten, Wasser, Vitaminen und Mineralstoffen. Nicht zu vergessen ist dabei natürlich auch die hohe Belastung durch schwere, intensive Trainingseinheiten für den passiven Bewegungsapparat, also Sehnen, Bänder, Gelenke und Knochen. Nach dem Training beginnt dann die Phase der Erholung. Jetzt stellt der Körper von Abbau (Training) auf Aufbau (Erholung) um. Zunächst muss jedoch der ursprüngliche Zustand von vor dem Training wieder erreicht werden. Der Körper ist in den ersten ca. 24 bis 36 Stunden nach einem intensiven Training damit beschäftigt, den durch das Training verursachten Substanzabbau wieder auszugleichen. Erst wenn dieser Prozess zeitlich abgeschlossen ist, kann das eigentliche Trainingsziel, nämlich das Dickenwachstum der Muskelfasern, eingeleitet werden.

Muskeln wachsen erst dann, bzw. es kommt erst dann zu einer Verdickung der Muskelfasern (Hypertrophie), wenn die Wiederherstellungsphase abgeschlossen ist. Damit wird die Bedeutung der Erholung für erfolgreiches Bodybuilding deutlich. Im Idealfall erfolgt der neue Trainingsreiz dann auf dem Höhepunkt der Superkompensation. Wenn Sie es schaffen, diesen Wechsel von Be- und Entlastung zeitlich möglichst optimal zu terminieren, dann werden Sie großartige, optimierte Ergebnisse im Körperaufbau erzielen. Wenn nicht, das heißt wenn Sie zu lange oder zu kurze Pausen zwischen den einzelnen Trainingseinheiten einlegen, dann werden Sie keine op-

Superkompensation (nach Hartmann/Tünnemann 1993)

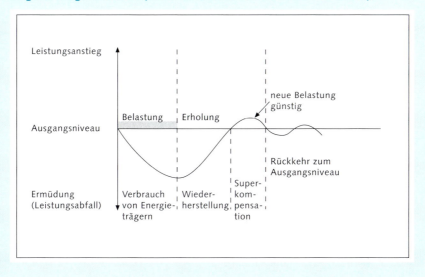

timalen Fortschritte erzielen, bei zu häufigem Training ist es darüber hinaus sehr wahrscheinlich, dass Sie in das Übertraining kommen mit all seinen negativen Begleiterscheinungen wie beispielsweise erhöhter Verletzungsanfälligkeit, Trainingsunlust, Schlafstörungen und Stimmungsschwankungen. Zu häufige Trainingsreize führen zu einem Leistungsabfall, der sich im Bodybuilding durch den Verlust von Körperkraft und den Abbau von Muskelsubstanz bemerkbar macht. Wenn der Körper nicht die erforderliche Zeit und die benötigten Nährstoffe nach harten Trainingseinheiten bekommt, dann wird oftmals nicht einmal der Ausgangszustand vor dem Training erreicht. Die Zeit der Wiederherstellung ist einfach zu kurz, und Fortschritte bleiben aus. Allerdings sind zu lange zeitliche Abstände von Trainingsreizen ebenfalls als negativ zu bewerten. Hier ist der zeitliche Abstand zwischen den gesetzten Trainingsreizen für eine Muskelgruppe zu lange, als dass der Körper mit den gewünschten Anpassungsreaktionen, sprich Muskelwachstum und Kraftzuwachs, reagieren würde. Die alles entscheidende Frage ist also: Wie lange soll man zwischen den Trainingseinheiten pausieren, damit der Körper in einem Höchstmaß Muskeln und Kraft aufbaut? Nun, diese Frage kann nur allgemein gültig beantwortet werden. Grundsätzlich beträgt der Zeitraum für die Wiederherstellungsphase nach einem Training zwischen 24 und 36 Stunden und der zeitliche Rahmen für die

**Negative Effekte zu häufiger Trainingsreize
(nach Hartmann/Tünnemann 1993)**

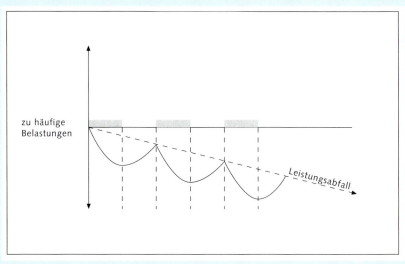

Zu seltene Trainingsreize (nach Hartmann/Tünnemann 1993)

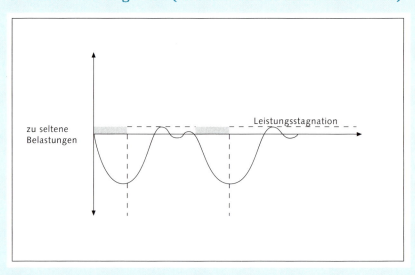

Superkompensation dann noch einmal zwischen 24 und 36 Stunden. Das würde bedeuten, dass man frühestens nach 2 Tagen eine Muskelgruppe wieder gezielt erneut belasten dürfte und dass ein Rhythmus von zwei bis drei Tagen für das Training einer einzelnen Muskelgruppe optimal wäre. Das hieße, wenn Sie das vorher beschriebene Brusttraining am Montag machen, sollten Sie frühestens wieder am Donnerstag oder am Freitag ein erneutes Brusttraining folgen lassen.

Natürlich hängt der Zeitraum zwischen den einzelnen Trainingseinheiten auch ganz entscheidend von der Trainingsintensität ab – je intensiver Ihr Training war, umso länger benötigt der Körper, um in die Phase der Superkompensation zu gelangen und neue Muskelsubstanz aufzubauen. Und hierzu gibt es in der Tat im Bodybuilding verschiedene Ansichten. Die Erfahrungen aus der Praxis machen die große Bandbreite der unterschiedlichen Ansichten zu diesem Thema deutlich. Manche Athleten berichten von optimierten Ergebnissen bei einem gezielten Training für eine Muskelgruppe alle 7 bis 10 Tage! Dieser Zeitraum ist sicher mehr als ausreichend, um Superkompensation zu erreichen. Eine derartige zeitliche Organisation des Trainings ist aber allenfalls in der Aufbauphase, und auch das nur mit Einschränkungen, zu empfehlen. Es darf auch nicht vergessen werden, dass einzelne Muskelgruppen zum Teil auch indirekt beim Training anderer Muskelgruppen belastet werden. Beispielsweise werden die Schultermuskeln, hier insbesondere der vordere Bereich, während eines intensiven Brusttrainings stark gefordert. Jeder, der an einem Tag ein intensives Schultertraining gemacht hat, in dem Nacken- oder Kurzhanteldrücken hart trainiert wurde (siehe Seite 102 und 104), kann sicherlich bestätigen, dass ein am darauf folgenden Tag absolviertes Brusttraining meist mit einem gewissen Kraftverlust einhergeht. Zwar werden die Brustmuskeln nicht direkt im Schultertraining belastet, aber die vorderen Schultermuskeln sind in hohem Maße an den schweren Druckbewegungen, zum Beispiel beim Schrägbank- oder Flachbankdrücken (siehe Seite 76 und 74) beteiligt. Wenn den Schultermuskeln also nicht genügend Zeit zur Regeneration bis zum nächsten Brusttraining gegeben wird, dann ist es sehr wahrscheinlich, dass es zu einem Kraftabfall im Brusttraining kommen wird. Gleiches gilt beispielsweise für das Training der Bein- und Rückenmuskulatur. Jeder, der schon einmal nach einem intensiven Kniebeugentraining am nächsten Tag schwere vorgebeugte Ruderbewegungen oder Kreuzheben gemacht hat, kann das sicherlich bestätigen. Der untere Rückenbereich war durch die Kniebeugen so stark gefordert worden, dass ein Tag Pause einfach nicht ausreichte, um im Rückentraining bis an die Grenzen gehen zu können. Bezüglich des zeitlichen Rahmens optimierter Erholung gilt der Grundsatz, dass größere Muskelgruppen (Beine, Brust, Rücken, Schultern) längere Zeit zur Erholung benötigen, als kleinere Muskelgruppen (Bizeps, Trizeps, Bauch, Waden). Hier muss jeder Athlet seine eigenen persönlichen Erfahrungen machen und seinen Körper sehr genau beobachten, um festzustellen, wann eine spezielle Muskelgruppe wieder gezielt produktiv trainiert werden kann.

Es ist auch zu berücksichtigen, dass die verschiedenen Organsysteme des Körpers unterschiedlich lange Zeiträume zur Erholung benötigen (s. Abb. Seite 29). Nach einem guten Training fühlt man sich oftmals großartig und möchte am liebsten sofort wieder ans Eisen gehen. Das Vegetativum erholt sich innerhalb einiger Minuten, und die wahrgenommene Euphorie, die durch das Training ausgelöst wird, führt zu dem besonderen Hochgefühl. Am zweitschnellsten erholt sich das Herz-Kreislauf-System, das innerhalb einiger Minuten bis weniger Stunden wieder regeneriert. Langsamer dauert der Erholungsprozess bei der Muskulatur, und der Sehnen-Band-Apparat sowie die Gelenke benötigen sogar noch einen längeren Zeitraum, um auf den Trainingsreiz mit gewünschten Anpassungsreaktionen, wie zum Beispiel erhöhte Festigkeit und Stabilität, reagieren zu können.

Erholung

Der Körper braucht genügend Ruhe und Entspannung, um den im Training gesetzten Reiz auch tatsächlich in Muskelwachstum umsetzen zu können. Grundsätzlich wird dabei zwischen passiver und aktiver Entspannung unterschieden. Zu den passiven Erholungsmaßnahmen gehören zum Beispiel Schlafen oder einfach Faulenzen. Schlaf ist ein ganz wesentlicher Erfolgsfaktor für gute Ergebnisse im Bodybuilding. Nur wenn Ihr Körper genügend Schlaf bekommt, werden Sie die Fortschritte im Muskelaufbau erzielen, für die Sie durch Ihre intensiven Trainingseinheiten den Grundstein gelegt haben. Es gibt individuelle Unterschiede in der benötigten Schlafdauer, ein guter Mittelwert dürfte bei ca. 7 bis 8 Stunden Schlaf pro Nacht liegen. Dabei gilt die Regel, dass pro Stunde intensiven Trainings eine Stunde extra Schlaf einzurechnen ist. Während Sie schlafen, können Körper und Geist sich erholen und neue Energie tanken. Die Muskulatur entspannt sich, und die Proteinsynthese ist erhöht, das heißt, es findet Muskelwachstum statt. Die Hypophyse schüttet vermehrt Wachstumshormon aus, für einen Bodybuilder ein nahezu idealer Zustand. Und wer kennt nicht das besondere Hochgefühl am Morgen, wenn man ausreichend und tief geschlafen hat und gut erholt in den neuen Tag startet?

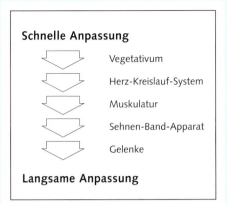

Anpassung unterschiedlicher Organsysteme an sportliche Belastung

(aus: Erhöhte Belastbarkeit und Verletzungsvorbeugung. Dr. Loges Sports Care, Winsen 1995)

Es ist wirklich wichtig, dass Körper und Geist genügend Schlaf bekommen, und wenn Sie die Möglichkeit dazu haben, noch einen kleinen Mittagsschlaf einzulegen, ist das perfekt. Machen Sie zwischen 30 und 60 Minuten Mittagsschlaf, falls möglich, und erleben Sie, wie Körper und Geist danach für die zweite Tageshälfte erfrischt und Sie wieder voller Tatendrang für den Rest des Tages sind. Wussten Sie übrigens, dass sich ca. 75 Prozent aller Säugetiere im Laufe des Tages für einen Mittagsschlaf zurückziehen? Der körpereigene Rhythmus dieser Tiere ist darauf angelegt, kurze Schlafpausen am Tage zu machen. In diesem Zusammenhang ist es interessant zu erwähnen, dass die engsten Verwandten aus dem Tierreich, nämlich die Menschenaffen wie beispielsweise Schimpansen, Gorillas oder Orang-Utans, zusätzlich zur Nachtruhe ein kleines Schläfchen am Nachmittag einlegen. Durch die enge genetische Verwandtschaft zwischen diesen Affen und dem Menschen liegt der Schluss nahe, dass auch der innere Rhythmus des Menschen nach einem Mittagsschläfchen verlangt. Nun ist es für einen Großteil der Menschen vorwiegend aus beruflichen Gründen eher nicht möglich, sich für ein kurzes Nickerchen am Tage zurückzuziehen, aber wenn möglich, dann machen Sie es auf jeden Fall und gönnen Sie sich den Luxus eines erfrischenden, erholsamen Mittagsschlafs.

Neben dem Nacht- und Mittagsschlaf ist es außerdem eine sehr gute und empfehlenswerte Maßnahme, sich nach dem Training für 20 bis 30 Minuten auf den Rücken zu legen und sich zu entspannen. Die Muskeln, Sehnen und Bänder sind durch das Training sehr stark belastet worden, und auch das Nervensystem wurde stark gefordert. Gönnen Sie sich, falls möglich, diese Zeit nach dem Training für Entspannung und Erholung. Während Sie völlig entspannt und locker daliegen, fühlen Sie noch einmal in Ihren Körper hinein. Schließen Sie die Augen und spüren Sie, wie sich die Muskeln entspannen, wie das Blut durch die zuvor trainierten Körperteile fließt, und nehmen Sie die wohlige Wärme wahr, die sich in völliger Entspannung einstellt. Sehr empfehlenswert ist es dabei, ein Kissen unter die Knie zu legen, um eine besonders entspannende Position für den unteren Rücken und die Kniegelenke zu schaffen. Das ist insbesondere nach einem harten Bein- oder Rückentraining eine wahre Wohltat!

Neben diesen passiven Erholungsmaßnahmen gibt es die so genannten aktiven Erholungsmaßnahmen. Besonders regenerationsfördernd sind dabei aerobe Aktivitäten, die mit niedriger Intensität trainiert werden. Also beispielsweise lockere Waldläufe, Radfahren oder einfach nur Spazierengehen. Durch derartige Aktivitäten nehmen Sie reichlich Sauerstoff auf. Das ist für den Abbau der während des intensiven Gewichtstrainings angehäuften Stoffwechselprodukte, wie zum Beispiel Milchsäure, äußerst förderlich. Durch diese Sauerstoffdusche erholen Sie sich einfach schneller und sind eher bereit für eine erneute harte Einheit mit den Gewichten. Erste Wahl ist es, diese aeroben Aktivitäten an der frischen Luft zu machen, also beispielsweise im Wald. Oder drehen Sie einfach ein paar Runden um den Block. Falls Sie dazu nicht die Gelegenheit oder Lust haben, dann tun es sicher auch die im Studio befindlichen Trainingsgeräte wie beispielsweise Radergometer, Stepper oder Laufband. Aber mal ganz ehrlich: Macht es nicht wesentlich mehr Freude, im Wald an der frischen Luft zu laufen als in einem vollen Studio auf dem Laufband? Die Entscheidung liegt natürlich bei Ihnen.

Sehr empfehlenswert für einen beschleunigten Regenerationsprozess sind zusätzlich Dehnübungen nach dem Training für die belastete Muskelgruppe. Durch Dehnübungen wird die im Training stark erhöhte Muskelspannung wieder reduziert und der Abtransport von Stoffwechselschlacken beschleunigt. Und natürlich trägt regelmäßiges Dehnen zu einem verbesserten Körpergefühl bei und, was noch wichtiger ist, regelmäßiges Dehnen schützt vor Verletzungen. Flexible, gut gedehnte Muskeln sind weniger anfällig für Trainingsverletzungen als verkürzte, steife Muskeln. Deshalb Dehnen nicht vergessen! 5 bis 15 Minuten Dehnübungen nach dem Training sind ein guter zeitlicher Rahmen, um in den Genuss der zahlreichen positiven Effekte des Dehnens zu kommen. Halten Sie dabei jede Dehnposition für ca. 20 bis 30 Sekunden, atmen Sie ruhig und gleichmäßig ein und aus und fühlen Sie den Dehneffekt in der Muskulatur. Pro Dehnübung empfiehlt es sich, einen bis drei Durchgänge zu absolvieren (siehe Seite 148 bis 160).

Fazit: Muskeln wachsen nach dem Training. Optimieren Sie Ihre Trainingsfortschritte durch ein auf Sie persönlich abgestimmtes Trainingsprogramm. Das heißt, finden Sie Ihren persönlichen Wechsel aus Be- und Entlastung heraus, der zu bestmöglichem Muskelaufbau führt. Hüten Sie sich vor Übertraining und geben Sie Ihrem Körper genügend Ruhe nach dem Training. Dann werden Sie die großartigen Fortschritte erzielen, die Sie sich durch Ihre Disziplin, Ihren Einsatz und Ihr Durchhaltevermögen im Training redlich verdient haben!

Freie Gewichte sind erste Wahl

Für das Training im Studio steht eine Vielzahl an Maschinen für jede Muskelgruppe bereit, und Seilzüge ermöglichen die Ausführung zahlreicher Zugbewegungen. Für den Aufbau von kompakten, massiven Muskeln gibt es jedoch nichts Besseres als das gute alte Eisen. Training mit Lang- und Kurzhanteln bildet das Fundament jedes auf optimale Ergebnisse ausgerichteten Muskelaufbauprogramms. Dazu zwei vergleichende Übungsbeispiele zur Verdeutlichung:

VERGLEICH SCHRÄGBANKDRÜCKEN MIT DER LANGHANTEL MIT SCHRÄGBANKDRÜCKEN AN DER MULTIPRESSE

Das Schrägbankdrücken (siehe Seite 76) ist eine hervorragende Übung für den Aufbau von massiven, prallen oberen Brustmuskeln. Jetzt könnte man denken, dass es im Prinzip doch egal ist, ob diese Übung mit freien Gewichten oder an der Maschine trainiert wird. Dem ist jedoch nicht so. Bei näherer Betrachtung zeigt das Schrägbankdrücken mit der Freihantel größere Anforderungen an die intermuskuläre Koordination, das heißt, das Zusammenspiel einzelner Muskelgruppen untereinander. Die Hantel muss über den gesamten Bewegungsspielraum ausbalanciert werden, damit die Bewegung nicht aus der Bahn gerät. Durch dieses Ausbalancieren werden unterstützende Muskelgruppen – insbesondere die vordere Schultermuskulatur und die Trizepsmuskulatur – aktiviert und erfahren so eine sekundäre Trainingswirkung. Anders sieht es im Vergleich dazu beim Schrägbankdrücken an der Multipresse aus. Hier ist die Bewegung durch die Maschine geführt, die koordinativen Anforderungen sind geringer als bei der Übungsausführung mit der Freihantel, und daraus resultiert eine insgesamt geringere Muskelentwicklung. Wenn Sie also daran interessiert sind, möglichst kompakte, massive Muskeln aufzubauen, dann gewöhnen Sie sich das Maschinentraining, in unserem Beispiel das Schrägbankdrücken an der Maschine, erst gar nicht an. Jeder, der bereits einmal nach längerer Zeit vom Maschinentraining zu freien Gewichten zurückgewechselt hat, kann sicherlich bestätigen, dass man die Bewegung mit der Hantel fast noch einmal neu erlernen musste, bis die Technik wieder optimal war.

VERGLEICH BEINSTRECKEN MIT TIEFEN KNIEBEUGEN

Der Vergleich von Beinstrecken (siehe Seite 72) und tiefen Kniebeugen (siehe Seite 64) zeigt in aller Deutlichkeit, dass massive Muskeln nur durch schweres Training mit freien Gewichten aufgebaut werden. Jeder, der in seinem Beinprogramm tiefe, schwere Kniebeugen schon einmal gegen das Beinstrecken ausgetauscht hat, kann sicher aus eigener Erfahrung bestätigen, wie schnell ein Oberschenkel schrumpft. Beim Training von tiefen Kniebeugen ist es möglich, mit wesentlich mehr Gewicht als beim Beinstrecken zu arbeiten, und somit werden höhere Wachstumsreize für die Muskulatur gesetzt. Eigentlich hinkt der Vergleich dieser beiden Übungen, denn wer möchte allen Ernstes eine Grundübung wie die Kniebeuge, «Die Königin der Übungen», mit einer Isolationsübung wie dem Beinstrecken vergleichen? Der Muskel aufbauende Effekt von Kniebeugen, nicht nur für die Beinmuskulatur, sondern für den ganzen Körper, ist bekannt, und das Beinstrecken ist eine gute und effektive Übung für das gezielte isolierte Training der vorderen Beinmuskulatur, aber das ist dann auch alles.

Fazit: Schweres Training mit freien Gewichten stellt die Basis für den Aufbau von massiven, kompakten Muskeln dar. Es gibt für den Masseaufbau nichts Besseres als das Training der Grundübungen mit Lang- und Kurzhanteln. (Siehe dazu den Übungskatalog auf den Seiten 63 bis 147)

Die besten Methoden

Der Aufbau von massiven Muskeln erfordert harte Trainingsarbeit. Folgende Methoden sind die effektivsten für die Entwicklung einer körperlichen Erscheinung, die durch kompakte, massive Muskulatur beeindruckt.

DIE ÜBERLASTUNGSMETHODE (OVERLOAD PRINCIPLE)

Muskeln werden nur dann mit Wachstum reagieren, wenn im Laufe der Zeit immer intensivere Anforderungen an sie gestellt werden.

Dafür gibt es eine Vielzahl von unterschiedlichen Trainingsmethoden, unter denen die Überlastungsmethode als eine der grundlegenden überhaupt gilt. Dabei dominieren zwei Möglichkeiten innerhalb des Überlastungsprinzips. Zum einen ist es die kontinuierliche Erhöhung der Trainingsgewichte innerhalb der einzelnen Übungen, zum anderen ist es das Streben des Athleten, mit einem gegebenen Gewicht im Laufe der Zeit die Wiederholungsanzahl pro Satz zu erhöhen. Das heißt, wenn Sie beispielsweise in der tiefen Kniebeuge heute acht korrekte Wiederholungen mit 120 Kilogramm schaffen und in zwei Monaten mit 130 Kilogramm ebenfalls acht Wiederholungen bewältigen, dann werden Ihre Muskeln unter Garantie mit Wachstum reagieren bzw. reagiert haben. Die zweite Möglichkeit hieße, von acht Wiederholungen mit 120 Kilogramm auf 12 oder sogar 15 Wiederholungen zu erhöhen. Auch dadurch werden die Muskeln überlastet und zu neuem Wachstum gezwungen.

DAS PYRAMIDENTRAINING (PYRAMID TRAINING)

Pyramidentraining ist eine der grundlegenden Methoden im Bodybuilding. Für den Aufbau von massiven Muskeln sind in erster Linie das Training nach der abgestumpften Pyramide und das Training nach der umgekehrten abgestumpften Pyramide interessant. Bei der abgestumpften Pyramide erhöhen Sie in jedem Satz das Trainingsgewicht und reduzieren gleichzeitig die Wiederholungsanzahl pro Satz. So einleuchtend das auch in der Theorie klingen mag, zeigen sich in der Praxis doch einige Schwächen dieser Trainingsform. Und zwar immer dann, wenn bereits im ersten und zweiten Satz einer Übung bis zur letztmöglichen Wiederholung trainiert wird. Es ist dann oftmals nicht mehr möglich, die gleiche Anzahl an Wiederholungen mit dem Gewicht für den vorausgegangenen Satz zu schaffen, geschweige denn, das Gewicht für die Folgesätze noch zu erhöhen. Die abgestumpfte Pyramide eignet sich in erster Linie für ein Training, in dem der erste und eventuell auch der zweite Satz einer Übung eher als Aufwärmsatz angesehen und volle Energie erst im vorletzten oder letzten Satz aufgebracht wird. Anders sieht es dagegen beim Training nach der umgekehrten abgestumpften Pyramide aus.

Abgestumpfte Pyramide

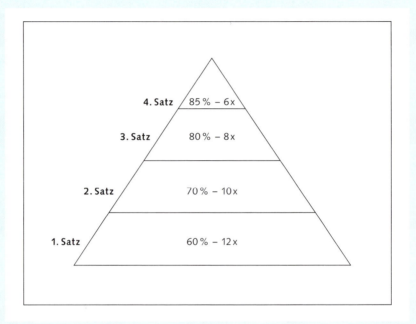

Hier beginnen Sie im ersten Satz mit dem schwerstmöglichen Gewicht, natürlich erst nach dem richtigen Aufwärmen, um vor Verletzungen geschützt zu sein (siehe Seite 15), und reduzieren dann in den Folgesätzen das Gewicht bei gleichzeitiger Erhöhung der Wiederholungsanzahl pro Satz. Der große Vorteil dieser Methode liegt darin, dass Sie zu Beginn des Trainings geistig und körperlich am frischesten sind und schwerere Gewichte für die Anfangssätze einer Übung nehmen können, als das für das Training der Schlusssätze bei der Methode der abgestumpften Pyramide der Fall ist. Damit werden sehr hohe Wachstumsreize für die Muskulatur gesetzt (siehe Seite 36).

Abnehmende Sätze (Descending Sets)

Die Methode der abnehmenden Sätze ist im Prinzip eine Form des Trainings nach der umgekehrten Pyramide. Genau wie bei der umgekehrten Pyramide wird im ersten Satz mit dem höchsten Trainingsgewicht begonnen und für die Folgesätze das Gewicht reduziert. Im Vergleich zur umgekehrten Pyramide gibt es hier aber einen wesentlichen Unterschied. Bei abnehmenden Sätzen werden so gut wie keine Pausen zwischen den einzelnen Sätzen gemacht, sondern es wird nur so lange pausiert, wie es dauert, die Gewichtsscheiben von der Hantel zu nehmen. Also quasi ein Non-Stop-Training.

Jeder abnehmende Satz setzt sich aus drei oder vier Abstufungen, das heißt einzelnen Sätzen, zusammen. Wird beim Training nach der umgekehrten Pyramide mit jedem Satz die Wiederholungsanzahl pro Satz erhöht, so ist es üblich, bei abnehmenden Sätzen eine nahezu konstante Wiederholungsanzahl pro Satz, normalerweise zwischen 6 bis 8, anzustreben. Abnehmende Sätze sind eine der intensivsten und produktivsten Trainingsmethoden für den Aufbau von massiven Muskeln, und wenn Sie den Schmerz und die Anstrengung ertragen können, die mit der Anwendung dieser Methode verbunden sind, dann werden Sie großartige Fortschritte im Muskelaufbau erzielen.

Intensivwiederholungen (Intensity reps)

Für das Training von Intensivwiederholungen benötigen Sie die Hilfe eines Trainingspartners. Intensivwiederholungen schließen sich immer an eine bestimmte Anzahl an Wiederholungen an, die Sie selber aus eigener Kraft absolviert haben.

Angenommen, Sie trainieren schweres Bankdrücken (siehe Seite 74) und schaffen gerade eben noch die sechste Wiederholung aus eigener Kraft. Statt nun den Satz zu beenden und die Hantel in die Halterung abzulegen, senken Sie das Gewicht wieder kontrolliert bis zu Ihrem Brustkorb ab. Sie drücken mit voller Kraft und schaffen es tatsächlich, die Hantel bis ca. auf halbe Höhe nach oben zu drücken. Dann geht nichts mehr, die Bewegung bleibt stecken. Jetzt unterstützt Sie Ihr Trainingspartner

Umgekehrte abgestumpfte Pyramide

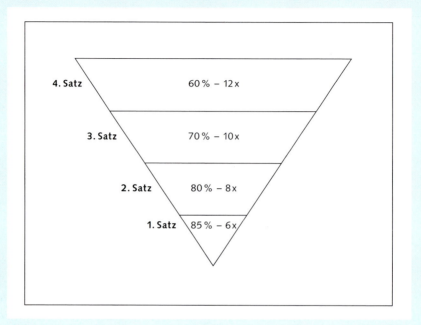

gerade so weit, dass Sie die Wiederholung unter größter Kraftanstrengung bewältigen können. Diese erzwungene Wiederholung mit Partnerhilfe wird als «Intensivwiederholung» bezeichnet. Üblicherweise werden eine bis drei Intensivwiederholungen an eine Anzahl von selbständig trainierten Wiederholungen angehängt. Für das korrekte Training von Intensivwiederholungen ist es sehr wichtig, dass Ihr Partner nicht zu viel Unterstützung gibt, denn wie es der Name dieser Methode schon sagt, Intensivwiederholungen sollen das Training intensiver und nicht einfacher machen!

AEROBES TRAINING

Über den Sinn oder Unsinn von Ausdauertraining in der Aufbauphase scheiden sich die Geister. Aktivitäten wie Laufen, Radfahren oder Stepper sind auf jeden Fall auch für die Aufbauphase empfehlenswert, allerdings mit Einschränkungen. Für den ektomorphen Körpertyp (siehe Seite 10) ist aerobes Training eher nicht zu empfehlen. Die Stoffwechselgeschwindigkeit dieses Typs ist einfach so schnell, dass zusätzliches Ausdauertraining auf Kosten des Muskelaufbaus gehen könnte. Der Aufbau von massiven Muskeln erfordert Energie beziehungsweise Kalorien, und wenn unnötig Kalorien für Laufen oder Radfahren verpulvert werden, dann stehen diese für den Muskelaufbau nicht zur Verfügung. Etwas überspitzt gesagt benötigt der Ektomorph jede einzelne Kalorie für den Muskelaufbau. Aber auch die beiden anderen Körpertypen sollten es mit dem Ausdauertraining in der Aufbauphase nicht übertreiben. Für den mesomorphen Körpertyp sind zwei bis maximal drei wöchentliche aerobe Trainingseinheiten zu empfehlen, die für jeweils 20 bis maximal 30 Minuten trainiert werden. Der Endomorph mit seinem langsamen Stoffwechsel sollte in der Aufbauphase drei- bis maximal viermal aerob trainieren, jede Einheit zwischen 25 und maximal 40 Minuten.

Ausdauertraining hilft in der Aufbauphase den Fettansatz zu kontrollieren und zeigt sehr positive Effekte für die Gesunderhaltung des Herz-Kreislauf-Systems. Zudem trägt aerobes Training mit mittlerer Intensität, das heißt, Sie können während der Belastung noch sprechen, zu einer rascheren Erholung nach sehr intensiven Muskel aufbauenden Trainingseinheiten mit den Gewichten bei. Mesomorphe und endomorphe Körpertypen sollten aerobes Training auch in der Aufbauphase machen, es dabei aber nicht übertreiben. Der Bodybuilder ist kein Ausdauersportler, und wenn es um den Aufbau von massiven Muskeln geht, müssen als oberste Priorität schwere Gewichte bewegt werden!

Ernährung für massive Muskeln

2 Ernährung
für massive Muskeln

Die Ernährung ist für erfolgreiches Bodybuilding von ganz entscheidender Bedeutung. Sie können sich im Training noch so anstrengen – wenn Sie dem Körper nicht die Nähr- und Vitalstoffe geben, die er für das Muskelwachstum und den Energiehaushalt benötigt, werden Sie keine optimalen Fortschritte im Muskelaufbau erzielen. Das Training muss durch eine bedarfsgerechte, zielgerichtete Ernährung unterstützt werden, damit beste Ergebnisse möglich gemacht werden können.

Unsere Nahrung setzt sich aus verschiedenen Bestandteilen zusammen, es wird dabei grundsätzlich zwischen Lebens-, Nahrungs- und Genussmitteln unterschieden (siehe Abb. Seite 40). Für den Masseaufbau ist es besonders wichtig, dass Ihre Nahrungsmittelauswahl so gestaltet ist, dass sowohl die Menge, die Art und der Zeitpunkt der verzehrten Lebensmittel mit diesem Ziel übereinstimmen. Das heißt, Sie brauchen genügend energiespendende- und reichlich Muskel aufbauende Lebensmittel. Natürlich soll die Ernährung auch gesund sein. Drogenfreie Bodybuilder sind sehr gesundheitsbewusste Sportler, und daher erfüllt die Ernährung der meisten Aktiven auch diesen so wichtigen Aspekt.

Bestandteile der Ernährung

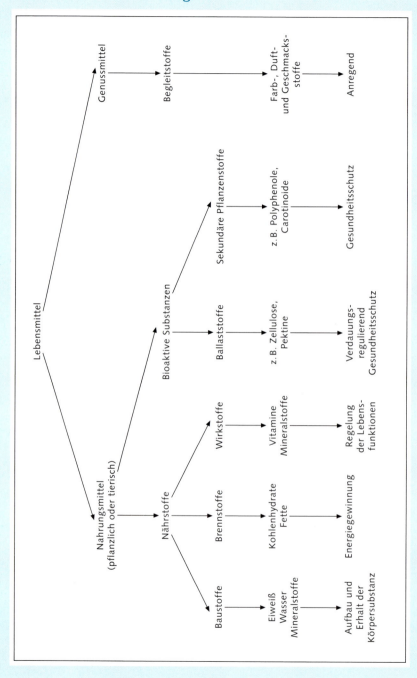

Es gilt folgender Grundsatz zur Ernährung für den Aufbau von massiven Muskeln:
Ernährung für massive Muskeln = sehr viele Kohlenhydrate + viel Protein + moderat Fett

Dieser Grundsatz zur Ernährungsplanung hat sich in der Praxis bewährt und schon vielen Bodybuildern in Verbindung mit hartem Training und genügend Ruhe zu massivem Muskelaufbau verholfen.

Die drei Hauptnährstoffe Kohlenhydrate, Eiweiß und Fett erfüllen unterschiedliche Funktionen im Organismus. Kohlenhydrate sind die bevorzugten Energielieferanten des Körpers. Deshalb müssen Sie reichlich Kohlenhydrate essen, um vor Energiekrisen während Ihrer harten Trainingseinheiten im Studio geschützt zu sein. Fett ist ebenfalls ein Energielieferant des Körpers und erfüllt darüber hinaus noch andere sehr wichtige Funktionen im Organismus. Fette sind Bestandteile der äußeren Zellhülle und damit wichtig für die Zellfestigkeit von Nerven- und Muskelzellen. Die fettlöslichen Vitamine A, E, D und K werden nur bei ausreichender Aufnahme von Nahrungsfett optimal verwertet. Obwohl 1 Gramm Fett ca. 9 Kilokalorien enthält und 1 Gramm Kohlenhydrate mit 4 Kilokalorien zu Buche schlägt, bevorzugt der Körper für die Energieversorgung im Bodybuildingtraining die Kohlenhydrate. Vielleicht kennen Sie das großartige Gefühl bereits, mit gut gefüllten Kohlenhydratspeichern in der Leber und der Muskulatur Ihr Gewichtstraining kraftvoll absolvieren zu können? Für schwere, intensive Bodybuilding-Trainingseinheiten bevorzugt der Körper Kohlenhydrate als Energiequelle. Während Ausdaueraktivitäten, wie beispielsweise Waldläufe oder Radfahren, rückt mit zunehmender Belastungsdauer der Fettstoffwechsel in den Vordergrund.

Kohlenhydrate und Fette sind die beiden hauptsächlichen Energiequellen des Körpers. Eiweiß ist der Muskelbilder! Zwar enthält 1 Gramm Eiweiß ebenso viele Kalorien wie 1 Gramm Kohlenhydrate, aber Eiweiß ist nicht in erster Linie Brennstoff, sondern Baustoff. Ohne Eiweiß kein Muskelaufbau! Nur wenn die Ernährung proteinreich ist, können Sie massive, kompakte Muskeln aufbauen. Der Körper kann weder aus Kohlenhydraten noch aus Fett Muskeln aufbauen, sondern nur aus Eiweiß. Protein erfüllt darüber hinaus weitere sehr wichtige Funktionen im Organismus. Eine ausreichende Eiweißzufuhr stärkt das Immunsystem, da Antikörper aus Eiweiß gebildet werden. Protein ist auch Bestandteil des roten Blutfarbstoffs, des Hämoglobins, das wichtig für den Sauerstofftransport im Blut ist. Außerdem ist Eiweiß ein wesentlicher Strukturbestandteil der Zellhüllen.

Wasser ist für den Bodybuilder von größter Bedeutung. Immerhin besteht unser Körper zu 65 bis 70 Prozent aus Wasser.

Das «Elixier des Lebens» ist Lösungs- und Transportmittel für die Nährstoffe und dient als Baustoff für Muskeln, Knorpel und Bandscheiben. Außerdem verbessert es die Organfunktion, wenn reichlich Wasser getrunken wird. So werden zum Beispiel die Nieren, die durch hohen Eiweißverzehr verstärkt gefordert werden, in ihrer Entgiftungsarbeit durch reichliche Wasseraufnahme unterstützt.

Diese Lebensmittel bauen Muskeln auf

Der Aufbau von massiven Muskeln erfordert neben hartem, schwerem Training auch eine bedarfsgerechte Versorgung des Körpers mit allen wichtigen Brenn-, Bau- und Wirkstoffen. Hauptsächliche Kohlenhydratlieferanten in unserer Ernährung sind pflanzliche Lebensmittel wie beispielsweise Getreide, Kartoffeln, Reis, Nudeln, Obst und Gemüse. Auch Süßigkeiten, Milch und Fruchtsäfte enthalten einen recht hohen Kohlenhydratanteil. Bezüglich der Auswahl der Kohlenhydratquellen in Ihrer Ernährung sollten Sie die unterschiedlich schnelle Verwertung der Kohlenhydrate im Körper berücksichtigen. Während Einfach- und Zweifachzucker wie beispielsweise Honig, Obst, Süßigkeiten, Milch- und Milchprodukte aufgrund ihrer chemischen Struktur vom Körper schnell als Energiequelle herangezogen werden können, versorgen die so genannten komplexen Kohlenhydrate, die zum Beispiel in Haferflocken, Reis, Nudeln und Gemüse enthalten sind, den Körper zwar langsamer, dafür aber konstanter über einen längeren Zeitraum mit Energie. Für die optimale Energieversorgung des Körpers ist es wichtig zu berücksichtigen, dass die Leistung im Training nicht in erster Linie von der eine bis zwei Stunden vor dem Training eingenommen Mahlzeit abhängt, sondern dass die Versorgung des Körpers mit Kohlenhydraten am Vortag der Belastung mit eine entscheidende Rolle spielt. So ist zum Beispiel von Marathonläufern bekannt, dass sie sich am Vortag der Belastung wahren Nudelorgien hingeben. Dieses Ernährungsverhalten soll die körpereigenen Kohlenhydratspeicher in der Leber und den Muskeln auffüllen und dadurch die Energieversorgung optimieren. Auch für den Aufbau von massiven Muskeln ist es wichtig, dass Sie mit gut gefüllten Glykogenspeichern zum Training erscheinen, um kraftvoll mit den Gewichten arbeiten zu können.

Erste Wahl für den Kohlenhydratverzehr sind die komplexen Kohlenhydrate, die langsam in das Blut abgegeben werden und den Körper über einen längeren Zeitraum mit Energie versorgen. Von der Idee, direkt vor dem Training, aufgrund der schnellen Verfügbarkeit des enthaltenen Zuckers, zum Beispiel Honig oder Fruchtsaft zu verzehren, ist eher abzuraten. Zwar werden Einfach- und Zweifachzucker schnell in das Blut abgegeben, jedoch führen diese Zuckerarten zu einer starken Schwankung des Blutzuckerspiegels und erhöhen damit die Gefahr, in ein Energieloch ca. 30 Minuten nach Verzehr dieser Lebensmittel zu fallen. In diesem Zusammenhang ist es auch wichtig zu erwähnen, dass, je schneller ein Kohlenhydrat in den Blutstrom gelangt, desto höher der so genannte Glykämische Index ist (siehe Tabelle Seite 44). Je höher der GI, umso mehr Insulin muss von der Bauchspeicheldrüse produziert werden, um den erhöhten Blutzuckerspiegel wieder zu normalisieren. Die Gefahr einer übermäßigen Fetteinlagerung erhöht sich mit hohen Insulinmengen. Zwar kommt es in der Aufbauphase nicht unbedingt darauf an, gut definierte Bauchmuskeln zeigen zu können, aber übermäßig fett sollte man auch nicht werden. Darum empfehlen sich komplexe Kohlenhydrate zum einen aus der Sicht der optimalen Energieversorgung des Körpers, zum anderen zur Kontrolle des Fettansatzes. Der einzig wirklich empfehlenswerte Zeitpunkt für den Verzehr von Einfach- oder Zweifachzuckern ist innerhalb der ersten 5 bis 20 Minuten nach dem Training, damit die Glykogenspeicher rasch wieder aufgefüllt werden. Hierzu eignen sich beispielsweise Fruchtsaft oder Obst oder auch spezielle kohlenhydrathaltige Sportriegel bzw. Getränke. Und gegen den gelegentlichen Verzehr eines leckeren Stück Kuchens, zum Beispiel beim sonntäglichen Nachmittagskaffee, oder einer Tafel Schokolade ist in der Aufbauphase auch nichts einzuwenden.

Bei der Auswahl der Fettquellen in der Ernährung ist die Fettsäurenzusammensetzung wichtig. Fett ist nicht gleich Fett, die Unterscheidung ist im chemischen Aufbau der Fettsäuren zu finden. Durch fetthaltige Lebensmittel führen wir dem Körper gesättigte, einfach ungesättigte und mehrfach ungesättigte Fettsäuren zu. Grundsätzlich enthalten pflanzliche Fettquellen wie beispielsweise kalt gepresste Öle, Nüsse, Kerne und Getreide einen hohen Anteil an ungesättigten Fettsäuren, von denen einige essenziell, also lebensnotwendig, sind und mit der Nahrung aufgenommen werden müssen.

DER ZUCKERINDEX: GI

Lebensmittel mit hohem GI

BROT

sehr weißes Brot (Hamburger)	95
Brezel	85
Roggenbrot	76
Weißbrot (Baguette)	70
Croissant	70

GETRÄNKE

Bier	110
Sportlergetränk	78
Coca-Cola, Limonade	70

OBST, GEMÜSE, HÜLSENFRÜCHTE

Getrocknete Datteln	103
Gekochte Karotten	85
Gekochte Saubohnen	80
Kürbis	75
Wassermelone	75

SÜSSES

Traubenzucker	100
Fruchtgummi	80
Zucker (Saccharose)	70
Schokolade, Schokoriegel	70
Kekse	70

GETREIDE

Schnellkochreis (Instant)	85
Puffreis	85
Cornflakes	85
Weißer Reis (Rundkorn)	72
Müsli mit Zuckerzusatz	70
Mais-Chips	70

BEILAGEN

Bratkartoffeln	95
Pommes frites	75
Kartoffelpüree	70
Salzkartoffeln	70

Lebensmittel mit mittlerem GI

BROT

Weizenbrot (Vollkornmehl)	69
Mischbrot	65

OBST, GEMÜSE, HÜLSENFRÜCHTE

Rosinen	65
Rote Beete	65
Ananas	65
Reife Bananen, Honigmelone	60
Aprikose	57
Mais, Popcorn	55
Kiwi, Mango, Papaya	55

SÜSSES	
Konfitüre	65
Honig	59
Sandgebäck	55

GETREIDE	
Couscous	65
Weißer Langkornreis	60
Weißer Grieß	55
Brauner Reis	55

BEILAGEN	
Pellkartoffeln	62
Weiße Spaghetti, weich gekocht	55

Lebensmittel mit niedrigem GI

BROT	
Pumpernickel	51
Vollkornschrot- oder Kleiebrot	50
Roggenbrot (Sauerteig)	48

GETRÄNKE	
Orangensaft	46
Apfelsaft	40
Frischer Fruchtsaft ohne Zucker	40
Sojamilch	31
Apfelsaftschorle	20
Gemüsesäfte	15

OBST, GEMÜSE, HÜLSENFRÜCHTE	
Erbsen aus der Dose	50
Süßkartoffel	50
Trauben	45
Pfirsich	42
Rote Bohnen	40
Pflaume	39
Apfel	38
Birne	38
Feigen	35
Getrocknete Aprikosen	31
Andere frische Früchte	30–40
Rohe Karotten	30
Trockenbohnen	30
Braune/Gelbe Linsen	30
Kichererbsen	30
Grüne Bohnen	30
Grapefruit	25
Kirsche	22
Grüne Linsen	22
Soja, Erdnüsse	15
Pilze	15
Die meisten Gemüse	< 15

SÜSSES	
Bitterschokolade (>70% Kakaoanteil)	22
Fructose	20

GETREIDE	
Ballaststoff-Flakes (All brain)	51
Parboiled Reis	48
Haferflocken	40
Nudeln aus Hartweizengrieß (al dente)	40
Vollkornteigwaren	40
Vollkornmüsli ohne Zucker	40

Wildreis	35
Quinoa	35
Gerste	22
SONSTIGES	
Milchprodukte	30

Jedes Nahrungsfett zeigt seine eigene spezifische Fettsäurenzusammensetzung. Tierische Fettquellen wie beispielsweise Fleisch, Eier, Fisch, Milch und Käse enthalten im Vergleich zu pflanzlichen Fettlieferanten einen höheren Anteil an gesättigten Fettsäuren. Ein hoher Verzehr von gesättigten Fettsäuren steigert das Risiko der Entstehung von Herz-Kreislauf-Erkrankungen wie zum Beispiel Arteriosklerose, der Verengung der Arterien durch Cholesterin- und Calciumablagerungen. Ungesättigte Fettsäuren dagegen gelten als Schutzfaktor für das Herz-Kreislauf-System, indem sie die Fließeigenschaften des Blutes verbessern und Cholesterinablagerungen in den Arterien vorbeugen. Besonders empfehlenswert für den Speiseplan sind auch die so genannten Omega-3-Fettsäuren, denen ein besonderer Herzschutz nachgesagt wird und die in hohem Maße in Salzwasserfischen wie Lachs, Hering, Makrelen und Sardinen enthalten sind. Noch ein Wort zum Cholesterin: Diese fettähnliche Substanz ist ein lebensnotwendiger Bestandteil aller Körperzellen und erfüllt im Stoffwechsel des Menschen äußerst wichtige Funktionen. Deshalb produziert der Körper in der Leber und im Dünndarm selber zwischen einem und zwei Gramm Cholesterin täglich. Für den Bodybuilder von besonderem Interesse ist dabei, dass Cholesterin die Ausgangssubstanz zur Bildung des männlichen Sexualhormons Testosteron ist, das außerordentlich wichtig für den Muskelaufbau ist. Eier und Fleisch enthalten genug Cholesterin für die Bildung von körpereigenem Testosteron und sollten daher auf jeden Fall Bestandteil des Speiseplans für den Aufbau von massiven Muskeln sein. Sollten Sie Bedenken haben, dass eine erhöhte Cholesterinaufnahme die Gefahr von Arteriosklerose mit sich führt, so bedenken Sie bitte, dass der Körper über sehr feine Regulationsmechanismen verfügt, was die Höhe des Cholesterinspiegels betrifft. Das heißt, wenn reichlich Cholesterin mit der Nahrung aufge-

	Regelmäßig	Selten	Nie
FETT	kalt gepresste Öle	Sahne	Currywurst
	Nüsse	Pizza	Schmalz
	Butter	Margarine	
	Nussmus		
	Sonnenblumenkerne		
	Kürbiskerne		
GETRÄNKE	Wasser	Diät-Getränke (z. B. Diät-Cola)	
	Kaffee		
	Tee	Alkohol	
	Fruchtsäfte		
	Fruchtsaftschorlen		

Tipps zur Vorratshaltung

Als Bodybuilder sollten Sie immer genügend Energie spendende und Muskel aufbauende Lebensmittel vorrätig haben, um Ihre Mahlzeiten nach den Bedürfnissen Ihres Körpers zu bereiten und regelmäßig essen zu können. Eine bodybuildinggerechte Vorratshaltung sähe beispielsweise so aus:

Präferenzliste

Die folgende Präferenzliste zur Lebensmittelauswahl soll Ihnen als Leitfaden für den Aufbau von massiven, kompakten Muskeln dienen.

	Regelmäßig	Selten	Nie
KOHLENHYDRATE	Haferflocken	Kuchen	Sahnetorte
	Vollkornbrot	Konfitüre, Honig	
	Gemüse, frisch	Tiefkühl- und Dosengemüse	
	Vollkornreis	geschälter Reis	
	Kartoffeln, frisch	Vorgekochte Kartoffeln	Pommes frites
	Vollkornnudeln		
	Obst, frisch	Tiefkühl- und Dosenobst	
	Trockenfrüchte	Schokolade	
	Fruchtschnitten	Pudding	
		Weißbrot	
EIWEISS	Rindfleisch	Wurst	sehr fettes Fleisch
	Fisch	Fischkonserven	
	Geflügel, frisch	Räucherfisch	
	Geflügelaufschnitt		
	Eier		
	Quark		
	Milch		
	Käse		

den Muskelaufbau unentbehrlichen Nährstoff enthalten ist. Besonders wichtig ist dabei die Mahlzeit ca. 1 bis 2 Stunden vor dem Training und die Mahlzeit ca. 1 Stunde nach dem Training.

Für die Vor-dem-Training-Mahlzeit eignen sich insbesondere fettarme leicht verdauliche eiweißreiche Lebensmittel wie Magerquark oder Hähnchenbrust, die Nach-dem-Training-Mahlzeit darf dann ruhig etwas mehr Fett enthalten, wie zum Beispiel ein saftiges Steak, Lachs oder ein Omelette aus ganzen Eiern.

Als hart trainierender Bodybuilder empfiehlt es sich, täglich zwischen 3 und 6 Liter Wasser zu trinken. Solche Wassermengen erscheinen auf den ersten Blick sehr hoch, aber mit ein bisschen Übung ist das Trinken einer derartigen Menge Wasser kein Problem. Halten Sie sich stets vor Augen, wie wichtig es für Ihren Trainingserfolg und Ihre Gesundheit ist, reichlich zu trinken. Damit es leichter fällt, genügend Wasser zu trinken, empfiehlt es sich, an den Orten, an denen Sie sich täglich häufiger bzw. über einen längeren Zeitraum aufhalten, wie beispielsweise Arbeitsplatz oder Auto, immer einen kleinen Wasservorrat zu deponieren. So haben Sie stets eine Flasche Wasser griffbereit und können zwischendurch immer mal wieder einen Schluck nehmen. Natürlich werden Sie häufiger das WC aufsuchen müssen, aber auch daran gewöhnt man sich. Die Entscheidung für kohlensäurehaltiges oder kohlensäurefreies Wasser sollten Sie von Ihrer persönlichen Verträglichkeit abhängig machen. Manchmal kann die Kohlensäure zu einem aufgeblähten Bauch führen, was weniger wünschenswert ist, und dann ist stilles Wasser ohne Kohlensäure besser. Falls Sie nicht gerade ein Freund von natürlichem Mineralwasser sind, können Sie durch die Zugabe von Zitronensaft oder Fruchtsäften den Geschmack des Wassers nach persönlichen Vorlieben verändern. Fruchtsaftschorlen, zum Beispiel Apfelsaft gemischt mit Mineralwasser im Verhältnis von einem Teil Saft zu drei Teilen Mineralwasser, schmecken gut und erfrischen durch das im Saft enthaltene Vitamin C, Kalium und die Fruchtsäuren. Der Fruchtzuckergehalt des Saftes trägt außerdem zur raschen Versorgung des Körpers mit Kohlenhydraten bei.

Die tägliche Flüssigkeitsaufnahme sollte sich hauptsächlich aus Mineralwasser zusammensetzen. Aber auch Fruchtsaftschorlen und der gelegentliche Genuss von Eistee oder Diät-Getränken kann auf die Flüssigkeitsmenge angerechnet werden. Etwas vorsichtig sollten Sie bei Kaffee- und Alkoholgenuss sein. Sowohl Koffein als auch Alkohol entziehen dem Körper Flüssigkeit. Deshalb sollten pro getrunkene Tasse Kaffee oder pro Glas Bier jeweils ein Glas Wasser extra getrunken werden.

nommen wird, fährt der Körper seine eigene Cholesterinproduktion herunter. Um aber auf Nummer Sicher zu gehen, zum Beispiel wenn in Ihrer Familie Angehörige mit erhöhtem Cholesterinspiegel bekannt sind, sollten Sie Ihre Werte durch eine ärztliche Untersuchung überprüfen lassen, bevor Sie sich für eine Muskel aufbauende Ernährung mit reichlich tierischen Lebensmitteln, wie Fleisch und Eiern, entscheiden.

Eiweiß setzt sich aus 20 Aminosäuren zusammen, davon sind 8 essenziell, das heißt, der Körper kann sie nicht selber bilden, und daher müssen sie mit der Nahrung aufgenommen werden. Wir führen unserem Körper diesen Muskel aufbauenden Nährstoff durch den Verzehr von tierischen Lebensmitteln, wie Fleisch, Eier, Geflügel, Fisch, Milch- und Milchprodukte, und pflanzlichen Lebensmitteln, zum Beispiel Getreideprodukten und Hülsenfrüchten, zu. Die Eiweißlieferanten unterscheiden sich untereinander in der biologischen Wertigkeit (BW), das heißt, der Körper kann ein entsprechendes Lebensmittel in unterschiedlichem Maße zum Aufbau von körpereigenem Eiweiß, wie beispielsweise Muskulatur, verwenden. Die Qualität des verzehrten Proteins ist also für eine optimale Eiweißversorgung des Körpers von großer Bedeutung. Pflanzliches Eiweiß hat im Allgemeinen eine niedrigere BW als tierisches Eiweiß, da tierisches Eiweiß in seiner Zusammensetzung dem menschlichen Eiweiß ähnlicher ist. Das heißt, tierisches Eiweiß enthält alle für den körpereigenen Eiweißaufbau benötigten Aminosäuren in einem günstigen Verhältnis. Dennoch ist auch pflanzliches Eiweiß für die Eiweißversorgung von Bedeutung, und in der Praxis wird häufig eine Kombination aus tierischem und pflanzlichen Eiweiß verzehrt. Durch den gleichzeitigen Verzehr von Proteinmischungen, zum Beispiel Kartoffeln und Ei oder Getreideflocken und Joghurt, wird die biologische Wertigkeit erhöht, die Eiweiße ergänzen sich gegenseitig in ihrem Aminosäurenprofil. Dabei müssen Sie günstige Eiweißmischungen nicht unbedingt zeitgleich verzehren, da die Ergänzungswirkung der Aminosäuren über einen Zeitraum von vier bis sechs Stunden anhält. Tierische und pflanzliche Eiweißquellen unterscheiden sich außer in der Höhe der BW auch in der Menge an enthaltenem Eiweiß. In der Regel enthalten tierische Lebensmittel mehr Eiweiß als pflanzliche Lebensmittel. So bekommen Ihre Muskeln durch den Verzehr von beispielsweise 100g Magerquark ca. 13 Gramm dieses Muskel bildenden Nährstoffs, 100g Reis enthalten dagegen nur ca. 7 Gramm Eiweiß.

Um im Laufe des Tages gut mit Eiweiß versorgt zu sein, sollten Sie als Bodybuilder in der Aufbauphase alle 2 bis 3 Stunden zwischen 30 und 60 Gramm Eiweiß verzehren. So können Sie sicher sein, dass in Ihrem Blut stets genug von diesem für

Lagerung ohne Kühlung

Kohlenhydrate	**Fett**
• Getreideflocken, zum Beispiel Haferflocken	• Nüsse • Nussmus
• Reis	• Sonnenblumenkerne
• Nudeln	• Margarine
• Kartoffeln	• kalt gepresste Öle, zum Beispiel Olivenöl
• Rosinen	
• Bohnen	
• Linsen	**Eiweiß**
• Reiscracker	• Fischkonserven, zum Beispiel Thunfisch in Öl oder Wasser
• Knäckebrot	
• Vollkornbrot	
• Fruchtschnitten	
• Trockenobst	
• Müsli	
• Honig	
• Konfitüre	
• Frisches Obst und Gemüse	
• Obst- und Gemüsekonserven	
• Gemüsekonserven im Glas	

Lagerung im Kühlschrank

Eiweiß	Kohlenhydrate	Fett
• Voll – oder Vorzugsmilch	• Milchzubereitungen, süß z. B. Früchtejoghurt, Früchtequark, Fruchtbuttermilch, Früchtemilchreis	• Butter
• Speisequark, 20 oder 40 % i.Tr.		• Margarine
• Käse		
• Geflügelaufschnitt		
• Eier		
• Frischfleisch		
• Frischfisch		
• Frischgeflügel		

Lagerung in der Tiefkühltruhe

Eiweiß	Kohlenhydrate
• Fleisch	• Obst
• Fisch	• Gemüse
• Geflügel	• Fertiggerichte

Wie im einleitenden Kapitel Körpertypgerecht trainieren und essen (Seite 10) bereits erwähnt, ist es wichtig, sich dem persönlichen Stoffwechseltyp entsprechend zu ernähren. Die beispielhaften Tagespläne auf den Seiten 53 bis 57 zur Ernährung dienen zur besseren Veranschaulichung, wie ein jeweiliger Ernährungsfahrplan für den

Ekto-, Meso- und Endomorph aussehen könnte. Die empfohlene Nährstoffrelation, das heißt der mengenmäßige Verzehr der drei Hauptnährstoffe Kohlenhydrate, Eiweiß und Fett in der Aufbauphase sieht dabei wie folgt aus:

Nährstoffrelation in der Aufbauphase

Ektomorph	Mesomorph	Endomorph
Kohlenhydrate: 55–60 %	Kohlenhydrate: 50–55 %	Kohlenhydrate: 45–50 %
Eiweiß: 20–25 %	Eiweiß: 20–25 %	Eiweiß: 25–30 %
Fett: 15–20 %	Fett: 20–25 %	Fett: 25–30 %

Tagesbeispiele für jeden Körpertyp

EKTOMORPH

Tagesplan für den Ektomorph			kcal
FRÜHSTÜCK			
10	EL (100 g)	Haferflocken	370
1	Stück (150 g)	Apfel	78
6	Stücke (240 g)	Eiweiß	120
2	Stücke (34 g)	Eigelb	118
60	g	Sultaninen	179
ZWISCHENMAHLZEIT			
2	Stücke (400 g)	Vollkornbrötchen	888
2	EL (200 g)	Aprikosenkonfitüre	544
3	TL (15 g)	Butter	111
3	Scheiben (60 g)	gekochter Schinken	68

MITTAGESSEN			kcal
200	g	Vollkornnudeln	646
2	TL (20 g)	Tomatenmark	15
1	Stück (160 g)	Zwiebel	45
300	g	Hühnerbrustfilet	306
ZWISCHENMAHLZEIT			
2	Stücke (180 g)	Banane	171
1	Glas (250 g)	Vollmilch	160
ABENDESSEN			
2	Tassen (150 g)	ungeschälter Reis	524
250	g	Rindersteak	365
2	Stücke (180 g)	Banane	171
SPÄTMAHLZEIT			
500	ml (500 g)	Buttermilch	180
4	EL (40 g)	Kakaopulver	137
5	Stücke (75 g)	Vollkornkeks	353
GESAMTSUMME			5548
Eiweiß		301 g (22 %)	
Fett		107 g (17 %)	
Kohlenhydrate		823 g (60 %)	

Tipp: Trinken Sie pro Tag zwischen 3 und 4 Liter Wasser.

MESOMORPH

Tagesplan für den Mesomorph			kcal
125	g	Früchtemüsli	425
1	Stück (150 g)	Apfel	78
250	g	Quark 20 % Fett i. Tr.	250
2	Tassen (120 g)	natreen Fruchtcocktail	42
ZWISCHENMAHLZEIT			
150	g	Thunfisch in Öl, abgetropft	333
2	Scheiben (90 g)	Vollkornbrot	169
1	Glas (200 g)	Orangensaft	90
MITTAGESSEN			
100	g	ungeschälter Reis	349
300	g	Hühnerbrustfilet	306
3	TL (15 g)	Olivenöl	132
1	Portion (200 g)	Eisbergsalat	26
1	Stück (40 g)	Zwiebel	11
2	Stücke (160 g)	Tomaten	27
ZWISCHENMAHLZEIT			
2	Stücke (180 g)	Banane	171
8	EL (80 g)	Haferflocken	296
80	g	getrocknete Datteln	228
1	Glas (250 g)	Vollmilch	160
ABENDESSEN			
150	g	Vollkornnudeln	484
3	Scheiben (60 g)	gekochter Schinken	68
2	TL (10 g)	Distelöl, kaltgepresst	88
2	TL (20 g)	Tomatenmark	15
20	g	Parmesan-Käse	88

SPÄTMAHLZEIT			kcal
2	Stücke (180 g)	Banane	171
500	ml (500 g)	Buttermilch	180
GESAMTSUMME			**4188**
Eiweiß		234 g (23 %)	
Fett		105 g (23 %)	
Kohlenhydrate		552 g (54 %)	

Tipp: Trinken Sie täglich 3 bis 4 Liter Wasser.

ENDOMORPH

Tagesplan für den Endomorph			kcal
FRÜHSTÜCK			
8	EL (80 g)	Haferflocken	296
1	Stück (90 g)	Banane	86
1	Stück (150 g)	Apfel	78
2	Stücke (34 g)	Eigelb	118
4	Stücke (160 g)	Eiweiß	333
ZWISCHENMAHLZEIT			
250	g	Quark 20 % Fett i. Tr.	250
1	Stück (90 g)	Banane	86
3	EL (30 g)	Sultaninen	89
1	EL (10 g)	Leinöl, kaltgepresst	88
MITTAGESSEN			
300	g	Schellfisch, gegart	273
5	Stücke (500 g)	ungeschälte Kartoffeln	355

				kcal
2	TL (10 g)		Olivenöl, kaltgepresst	88
2	TL (10 g)		Küchenkräuter	6
ZWISCHENMAHLZEIT				
2	Stücke (300 g)		Apfel	156
6	EL (60 g)		Haferflocken	222
500	ml (500 g)		Buttermilch	180
ABENDESSEN				
100	g		Vollkornnudeln	323
2	TL (10 g)		Olivenöl, kaltgepresst	88
1	Stück (40 g)		Zwiebel	11
200	g		Hühnerbrustfilet	204
SPÄTMAHLZEIT				
3	Stücke (240 g)		Eier	370
2	Scheiben (90 g)		Vollkornbrot	169
250	ml (250 g)		fettarme Milch	120
GESAMTSUMME				3735
Eiweiß			268 g (29 %)	
Fett			105 g (25 %)	
Kohlenhydrate			414 g (45 %)	

Tipp: Trinken Sie 3 bis 4 Liter Wasser pro Tag.

kcal = Kilokalorien

Die besten Nahrungsergänzungen

Der Aufbau von massiven Muskeln erfordert neben schwerem, hartem Training genügend Ruhe und vor allem eine bedarfsgerechte Ernährung. Die Ernährung ist ein wesentlicher Erfolgsfaktor im Muskelaufbau (siehe Seiten 38 bis 57). Ernsthafte, ambitionierte Bodybuilder streben ständig nach Fortschritt in der Körperentwicklung und wissen, dass ihr Training nur dann die erwünschten Ergebnisse bringen wird, wenn der Körper die dringend benötigten Brenn- und Baustoffe durch eine entsprechende Lebensmittelauswahl und regelmäßige Mahlzeiten bekommt.

Nahrungsergänzungen sind in der Ernährung des Bodybuilders eine wichtige Ergänzung zum Speiseplan. Natürlich sind damit nicht Dopingmittel wie beispielsweise Anabolika oder Wachstumshormone gemeint, sondern im Sinne des «Natural Bodybuilding» solche Präparate, die nicht auf der Dopingliste zum Beispiel der WNBF (World Natural Bodybuilding Federation) stehen.

Die nachfolgende Auswahl an Nahrungsergänzungen erhebt keinen Anspruch auf Vollständigkeit, zeigt aber in der Praxis bewährte Nahrungsergänzungen, die Ihnen bei Ihrem Streben nach massiven Muskeln behilflich sein werden. Für eine optimale Wirkung dieser Präparate ist es wichtig, die Einnahme richtig zu dosieren und zeitlich optimal auf das Training abzustimmen. So werden Nahrungsergänzungen ihre volle Wirksamkeit entfalten können.

Die wichtigsten Nahrungsergänzungen für den Aufbau von massiven Muskeln sind:

- Proteinkonzentrate, zum Beispiel Eiweißpulver und Aminosäuren
- Creatin
- Weight-Gainer / Meal-Replacements
- Tribulus Terrestis
- Glucosamin

Proteinkonzentrate

Die große Bedeutung von Eiweiß für den Muskelaufbau hat zur Folge, dass dieser Nährstoff eine besondere Rolle in der Ernährung des Bodybuilders spielt. Für optimalen Muskelaufbau ist es wichtig, dass Sie immer ausreichend mit Eiweiß versorgt sind. Erste Wahl ist es daher, alle drei Stunden ca. 30 bis 60 Gramm Protein zu verzehren. Manchmal kann es schwierig sein, regelmäßig eine vollwertige Mahlzeit einzunehmen, und hier können Proteinpulver eine sehr gute Hilfe sein, den Eiweißbedarf zu decken. Mixen Sie sich einfach einen schmackhaften, nährstoffreichen Shake aus Wasser oder Milch mit Eiweißpulver, eventuell angereichert mit Früchten, Haferflocken, Eiern oder Quark. Leckere Rezepte für nährstoffreiche Eiweißshakes finden Sie auch in meinem Buch «Die Kraftküche» (siehe Literatur, Seite 191). Auch nach dem Training ist es eine gute Maßnahme, den stark geforderten Muskeln durch einen Proteinshake das für den Aufbau so dringend benötigte Eiweiß schnell in leicht verdaulicher Form zuzuführen. Besonders empfehlenswert ist die Einnahme von Aminosäuren direkt nach dem Training, noch vor dem Duschen. Hier können Sie zwischen Kapseln, Pulver, Flüssigampullen oder Aminosäurendrinks wählen. Die Aminosäuren werden rasch vom Körper resorbiert und stehen den Muskeln damit schnell als Baustoff zur Verfügung. Besonders empfehlenswert sind so genannte Proteinhydrolysate, das heißt «freie Aminosäuren», die innerhalb 30 bis 60 Minuten nach der Einnahme dem Muskel zur Verfügung stehen. Auch die Einnahme von den drei essenziellen Aminosäuren Leucin, Isoleucin und Valin (BCAAs) ist eine empfehlenswerte Maßnahme für die Versorgung der Muskulatur mit Eiweißbausteinen. Diese drei Aminosäuren machen rund 35 Prozent der in der Muskulatur enthaltenen Aminosäuren aus und sind damit wichtiger Bestandteil des Muskelproteins. Das heißt, Sie sollten direkt nach dem Training zunächst Aminosäuren einnehmen (freie Aminos, BCAAs) und nach einer Stunde dann eine vollwertige kohlenhydrat- und eiweißreiche Mahlzeit oder, wenn es schnell gehen soll, einen nährstoffreichen Proteinshake verzehren. Bei der Entscheidung für ein Proteinpulver sollten Sie auf die Art der enthaltenen Proteine achten. Steht auf der Zutatenliste nur Casein (Milcheiweiß), dann sollten Sie Ihr Geld lieber sparen, denn dann können Sie genauso gut Quark essen. Erste Wahl sind Proteinpulver, die sich aus einem Gemisch aus Lactalbumin (Molkeneiweiß), Casein und Ei-Protein zusammensetzen. Dabei ist zu berücksichtigen, dass das auf der Zutatenliste zuerst genannte Protein das am höchsten enthaltene, das zuletzt genannte Protein das am niedrigsten enthaltene ist.

CREATIN

Die Energiebereitstellung für die Muskelkontraktion wird durch Creatin optimiert, und damit ist Creatin so etwas wie der Supertreibstoff für die Muskelzelle. Wir nehmen Creatin zum einen durch die Nahrung auf. Insbesondere rotes Fleisch, wie beispielsweise Rindfleisch, ist reich an Creatin.

Zum anderen bildet der Körper eigenes Creatin in der Leber aus den Aminosäuren Glycin, Arginin und Methionin. Die Skelettmuskulatur enthält dabei fast 100 Prozent des im Körper enthaltenen Creatins. Der Aufnahme bzw. der körpereigenen Bildung steht der tägliche Verlust von ca. 2 g Creatin pro Tag über die Nieren entgegen.

Creatin wirkt! Wohl jeder, der bereits mit der Einnahme von Creatin Erfahrungen gemacht hat, kann das bestätigen. Die Kraftleistung steigt in manchen Fällen rasant an, sodass mit schwereren Gewichten trainiert werden kann. Auch der so genannte «Pump-Effekt», das heißt die Durchblutung der Muskulatur, ist unter Creatineinnahme häufig stark verbessert, und die Muskeln fühlen sich im Training besonders voll und prall an. Die Muskeln fühlen sich aber nicht nur so an, sondern sind in ihrer Erscheinung auch voller und praller, da es unter Creatineinnahme zu einer vermehrten Speicherung von Wasser innerhalb der Muskelzelle kommt.

Creatinmonohydrat sollte zyklisch eingenommen werden. Das heißt, nach sechs Wochen Einnahme sollte sich eine ein- bis vierwöchige Einnahmepause anschließen. Die Resorption von Creatinmonohydrat wird durch den gleichzeitigen Verzehr von Zucker beschleunigt. Sehr empfehlenswert ist es, die während des Trainings stark angegriffenen Creatinspeicher mittels eines Glases Fruchtsaft oder Fruchtsaftschorle mit einem Teelöffel Creatinpulver (entspricht ca. 5 g Creatin) wieder aufzufüllen. Dazu noch einige Aminotabletten, und Sie haben einen wahrhaft Muskel aufbauenden Creatin-Amino-Mix!

Manche Hersteller empfehlen für die ersten 5 Tage der Creatineinnahme eine so genannte Aufladephase mit täglich 20 g Creatin. Außer dass solche Mengen bei vielen Athleten zu Magen-Darm-Problemen führen, scheint es keinen Unterschied in der Wirksamkeit von Creatin auszumachen, ob täglich 5 oder 20 Gramm eingenommen werden. Hier müssen Sie selber experimentieren und die für Sie beste Menge herausfinden. Sollten Sie durch die Einnahme von Pulver ständig Magen-Darm-Probleme bekommen, so bieten sich als Alternative dazu auch Creatinkapseln an.

WEIGHT-GAINER / MEAL-REPLACEMENTS

Weight-Gainer sind Pulver, die sich aus einem Gemisch von Kohlenhydraten, Eiweiß und Fett zusammensetzen. Sinn dieser Nährstoffpulver ist es, dem Athleten zu einer Gewichtszunahme zu verhelfen. Das ist an sich eine gute Absicht, allerdings sollte darauf geachtet werden, dass die Gewichtszunahme in erster Linie durch Muskel- und nicht durch Fettmasse hervorgerufen wird. Wenn Sie nicht zum ektomorphen Typ gehören, der größte Schwierigkeiten hat, an Substanz aufzubauen, dann ist bei dem Verzehr von Weight-Gainern Vorsicht geboten. Denn oftmals bestehen diese Pulver aus einem sehr hohen Anteil an Zucker, und das kann sich auf Ihre Figur, insbesondere wenn Sie über einen eher langsamen Stoffwechsel verfügen, verheerend auswirken. Die zugenommene Masse besteht dann nämlich häufig nicht aus Muskeln, sondern zeigt sich als unliebsame Fetteinlagerungen, besonders am Unterbauch und der Hüfte.

Wenn Sie sich dazu entschließen sollten, es einmal mit Weight-Gainern zu versuchen, dann achten Sie bitte darauf, ein Pulver zu wählen, das mindestens 15 Prozent Eiweißanteil hat und bei dem sich Traubenzucker nicht als Erstes auf der Zutatenliste befindet. Mit Zuckerbomben ist Ihnen nicht geholfen. Gute Weight-Gainer haben oftmals auch bestimmte Zusätze an Vitaminen, Mineralstoffen und in manchen Fällen auch Creatin. Empfehlenswerte Zeitpunkte für den Verzehr von Weight-Gainern sind ca. 30 bis 60 Minuten nach dem Training, als Mahlzeitenersatz am Vormittag bzw. Nachmittag und direkt vor dem Schlafengehen. Während für mesomorphe und speziell endomorphe Körpertypen die Einnahme von Weight-Gainern eher nicht zu empfehlen ist und diese Athleten bevorzugt hochprozentige Proteinpulver für ihre Shakes nehmen sollten, können ektomorphe Körpertypen durchaus vom täglichen Verzehr dieser kalorienreichen Pulver, die mit Wasser, aber besser noch mit Vollmilch gemixt werden, profitieren. Durch die Zugabe von Nüssen, Früchten, Eiscreme, Eiern etc. kann der Nährstoff- und Kaloriengehalt sogar noch weiter erhöht werden, sodass dem Körper wahre Nährstoffbomben zugeführt werden (sehen Sie hierzu bitte auch mein Buch «Die Kraftküche», siehe Literatur, Seite 191).

Eine gute Alternative zu Weight-Gainern bilden so genannte Mahlzeitenersatzpräparate in Pulverform. Diese Nahrungsergänzungen sind häufig portionsweise in kleine Tütchen verpackt und enthalten einen oftmals niedrigeren Kohlenhydrat-, dafür aber höheren Proteinanteil als reine Weight-Gainer. Meal-Replacements enthalten außerdem als Zugabe Vitamine und Mineralstoffe.

Auf dem Markt erhältlich ist ebenfalls eine Vielzahl an so genannten Sport-Bars, das sind nährstoffreiche Riegel, die es in verschiedenen Zusammensetzungen, das heißt Nährstoffrelationen, zu kaufen gibt. So stehen dem Athleten Riegel mit einem hohen Kohlenhydratanteil oder mit sehr wenig Kohlenhydraten («Low Carbs») zur Verfügung. Für den Aufbau von massiven Muskeln sind, besonders für ektomorphe Körpertypen, kalorienreiche Riegel empfehlenswert, während für meso- und speziell endomorphe Körpertypen das Riegelsortiment mit einem höheren Proteinanteil erste Wahl sein sollte.

TRIBULUS TERRESTIS UND GLUCOSAMIN

Testosteron ist das Muskel bildende Hormon. Je mehr Testosteron Sie im Blut haben, desto leichter wird es Ihnen fallen, Muskeln aufzubauen. Natürliches Bodybuilding verzichtet auf die Einnahme von synthetisch hergestelltem Testosteron, das beispielsweise als Spritze, Tablette, als Gel oder Pflaster erhältlich ist. Diese Mittel sind Dopingpräparate und haben daher im richtig verstandenen gesunden Bodybuilding keinen Platz! Für den gesundheitsbewussten Athleten ist es von großer Bedeutung, den körpereigenen Testosteronspiegel möglichst hoch zu halten. Neben einer guten Ernährung, ausreichend Schlaf und möglichst wenig Stress bietet Tribulus Terrestis – ein Pflanzenpulver in Kapselform – eine gute Möglichkeit zur Optimierung des körpereigenen Testosteronspiegels. Dieses Präparat wirkt in der Tat, wie auch an einem gesteigerten Geschlechtstrieb und einer allgemeinen Verbesserung des Wohlbefindens zu spüren ist. Die empfehlenswerte Einnahmemenge von Tribulus liegt bei 1000 bis 1500 mg pro Tag, dabei sollte die Einnahme zyklisch erfolgen, das heißt nach drei oder vier Wochen schließt sich eine einwöchige Einnahmepause an. Manche Hersteller empfehlen auch ein Einnahmeschema von fünf Tagen, gefolgt von zwei Tagen Pause usw.

Harte, schwere Trainingseinheiten für den Aufbau von massiven Muskeln fordern nicht nur die Muskeln in sehr hohem Maße, sondern belasten auch die Gelenke stark. Glucosamin scheint hier einen positiven Effekt für die Gesunderhaltung der Gelenke zu zeigen und ist außerdem wichtig für ein starkes Bindegewebe. 750 bis 1500 mg täglich wären eine sinnvolle Einnahmeempfehlung für Glucosamin.

Die besten
Übungen
zum Aufbau massiver Muskeln 3

Oberschenkelmuskulatur

TIEFE KNIEBEUGEN

Intensiver Wachstumsreiz durch schweres, technisch einwandfreies Kniebeugentraining.

Übungsbeschreibung

- Die Füße stehen etwa schulterbreit auseinander, die Zehen zeigen dabei leicht nach außen, die Hantel angenehm auf dem Nacken.
- Senken Sie sich so weit in die Hocke ab, bis sich die Oberschenkel tiefer als parallel zum Boden befinden.
- Richten Sie sich vom tiefsten Punkt der Kniebeuge durch den kraftvollen Einsatz der Bein-, Gesäß- und unteren Rückenmuskulatur wieder auf.
- Beim Aufrichten ausatmen.

Tipps zur korrekten Technik

- Halten Sie die Füße immer flach auf dem Boden. Verlagern Sie das Körpergewicht auf die Fersen. Geht das nicht, versuchen Sie es mit einem sehr breiten Stand, dann fällt es leichter, die Füße flach auf dem Boden zu halten.
- Halten Sie den Rücken während der Bewegung möglichst gerade.
- Blicken Sie immer gerade nach vorne, niemals nach unten.
- Vermeiden Sie eine X- oder O-Stellung der Kniegelenke. Die Knie sollen sich immer in einer Linie mit den Fußspitzen befinden.

Ergänzende Übungshinweise

- Je tiefer Sie in die Hocke gehen, umso größer ist der Trainingseffekt.
- Wenn Sie in erster Linie daran interessiert sind, Kniebeugen mit sehr schweren Gewichten zu trainieren, dann platzieren Sie die Hantel eher tiefer auf den hinteren Schultermuskeln als hoch im Nacken.
- Halten Sie in der tiefsten Position der Kniebeuge den Atem kurz an und stoßen Sie die Luft erst aus, wenn Sie über den schwersten Punkt hinweg sind.
- Bei schweren Gewichten, die zwischen vier und sechs Wiederholungen pro Satz erlauben, empfiehlt sich das Tragen eines Gewichthebergürtels, welcher dem unteren Rückenbereich etwas zusätzliche Stabilität verleiht.

Empfohlenes Trainingsgewicht

Beginner: 20–30 kg
Fortgeschrittene: 80–120 kg
Weit Fortgeschrittene: 120–160 kg

KREUZHEBEN MIT LEICHT ANGEWINKELTEN KNIEN

Diese Übung trainiert sehr effektiv die hinteren Beinmuskeln, den unteren Rücken und die Gesäßmuskulatur und baut nicht nur Muskelmasse im Beinbizeps auf, sondern kräftigt auch ausgezeichnet den unteren Rücken und zeigt damit eine verletzungsvorbeugende Wirkung. Übungen wie Kniebeugen (siehe Seite 64) oder vorgebeugtes Langhantelrudern können so sicher trainiert werden.

Übungsbeschreibung

- Sie stehen mit engem Fußabstand aufrecht vor der Langhantel.
- Beugen Sie den Oberkörper nach vorne und winkeln Sie die Knie an.
- Fassen Sie die Hantel ca. schulterbreit im Obergriff.
- Richten Sie sich wieder auf.
- Beim Anheben ausatmen.

Tipps zur korrekten Technik

- Halten Sie den Rücken während der gesamten Bewegung stets gerade und den unteren Rücken durchgedrückt (nicht ins Hohlkreuz fallen!).
- Blicken Sie während des Kreuzhebens immer nach vorne, nie nach unten.
- Verlagern Sie beim Anheben der Langhantel Ihr Körpergewicht auf die Fersen. So fällt es leichter, den Rücken gerade zu halten.

Ergänzende Übungshinweise

- Wenn Sie in der Endposition die Schultern leicht nach hinten ziehen, erhöhen Sie den Trainingseffekt für die Nackenmuskulatur.

Empfohlenes Trainingsgewicht

Bei dieser Übung kommt es nicht darauf an, schwere Gewichte zu nehmen, sondern sich voll und ganz auf die Dehnung und Kontraktion der hinteren Oberschenkelmuskulatur und des unteren Rückens für eine höhere Anzahl an Wiederholungen zu konzentrieren.

Beginner: nicht empfehlenswert
Fortgeschrittene: 60–80 kg
Weit Fortgeschrittene: 90–130 kg

Beinpressen

Das Beinpressen ist eine gute Übung für den Masseaufbau der gesamten Oberschenkelmuskulatur und kräftigt auch sehr effektiv die Gesäßmuskeln. Die Bewegung ähnelt der Kniebeuge. Allerdings kann das Beinpressen die Kniebeuge niemals ersetzen, sondern sollte immer nur als Ergänzung zu den tiefen Kniebeugen (siehe Seite 64) gesehen werden.

Übungsbeschreibung

- Platzieren Sie die Füße ca. schulterbreit auf der Plattform der Beinpresse.
- Fassen Sie mit beiden Händen die seitlich angebrachten Griffe.
- Drücken Sie das Gewicht aus der Halterung.
- Senken Sie die Knie so weit nach unten ab, bis diese Kontakt mit Ihrem Brustkorb bekommen.
- Drücken Sie das Gewicht bis zur vollen Streckung der Beine wieder in die Ausgangsposition zurück.
- Beim Hochdrücken ausatmen.

Tipps zur korrekten Technik

- Federn Sie am tiefsten Punkt der Bewegung nicht ab, sondern drücken Sie das Gewicht durch den kraftvollen Einsatz der Oberschenkel- und Gesäßmuskulatur wieder nach oben.
- Halten Sie die Fersen während der Bewegung immer in Kontakt mit der Fußplatte, um eine Fehlbelastung der Füße zu vermeiden und volle Kraft aus den Beinmuskeln entfalten zu können. Weiter oben platzierte Füße erleichtern den Fersenkontakt zur Fußplattform.
- Halten Sie die Kniegelenke in einer Linie mit den Fußspitzen. Vermeiden Sie die zur Fehlbelastung der Knie führende X- oder O-Stellung der Kniegelenke.
- Heben Sie das Gesäß am tiefsten Punkt der Bewegung nicht von der Sitzfläche ab, damit Verletzungen der Lendenwirbelsäule vermieden werden.

Empfohlenes Trainingsgewicht für Beinpressen

Beginner: 60–100 kg
Fortgeschrittene: 100–200 kg
Weit Fortgeschrittene: 250–350 kg

BEINCURL

Beincurl ist zwar im eigentlichen Sinne keine reine Masseaufbauübung, aber durch das gezielte Training der Beinbizepse werden die hinteren Oberschenkelmuskeln sehr effektiv entwickelt. Auch die Gesäßmuskeln werden durch diese Übung gefestigt.

Übungsbeschreibung

- Sie liegen auf dem Beintisch, Ihre Kniegelenke befinden sich dabei ca. zwei bis drei Zentimeter frei über dem Bankende.
- Die Fußrolle liegt am unteren Ende der Wadenmuskulatur auf.
- Fassen Sie die seitlich angebrachten Griffe des Beintisches.
- Ziehen Sie die Fußrolle durch den Einsatz der hinteren Oberschenkelmuskulatur so weit nach oben, bis diese Kontakt mit dem Gesäß bekommt.
- Senken Sie das Gewicht wieder bis zur vollen Streckung der Beine nach unten ab.
- Beim Anbeugen ausatmen.

Tipps zur korrekten Technik

- Halten Sie das Gesäß und den unteren Rückenbereich während der Bewegung immer möglichst flach auf dem Beintisch, damit die hinteren Beinmuskeln möglichst intensiv arbeiten müssen.
- Achten Sie beim Absenken der Gewichte darauf, dass die Gewichtsscheiben keinen Kontakt mit dem Gewichtsschlitten bekommen, sondern stoppen Sie die Bewegung kurz vorher, um die Spannung in den Oberschenkelmuskeln zu halten.

Ergänzende Übungshinweise

- Wenn Sie die Zehen während der Bewegung in Richtung Schienbeine anziehen, dann werden auch die Wadenmuskeln trainiert.

Empfohlenes Trainingsgewicht für Beincurls

Beginner: 15–20 kg
Fortgeschrittene: 25–40 kg
Weit Fortgeschrittene: 40–55 kg

Beinstrecken

Beinstrecken ist keine reine Masseaufbauübung, trainiert aber sehr gezielt die vorderen Oberschenkelmuskeln.

Übungsbeschreibung
- Sie sitzen so auf dem Beintisch, dass der Rücken Kontakt mit der Lehne hat.
- Die Fußrolle befindet sich am unteren Ende der Schienbeine.
- Die Füße zeigen geradeaus.
- Fassen Sie mit den Händen die seitlich am Beintisch angebrachten Griffe.
- Bewegen Sie die Beine bis zur vollen Streckung der Kniegelenke nach oben.
- Senken Sie die Beine wieder in die Ausgangsposition ab.
- Beim Hochdrücken ausatmen.

Tipps zur korrekten Technik
- Drücken Sie das Gesäß während der Bewegung immer in das Sitzpolster, heben Sie es nicht aus dem Polster ab, um Fehlbelastungen der Lendenwirbelsäule zu vermeiden.
- Senken Sie die Gewichtsscheiben in der Abwärtsphase nicht so weit ab, dass sie Kontakt mit dem Gewichtsschlitten bekommen, sondern stoppen Sie die Bewegung kurz vorher, damit die Spannung in den Oberschenkelmuskeln gehalten wird.

Ergänzende Übungshinweise
- Wenn Sie in der Position mit gestreckten Beinen für zwei bis drei Sekunden verharren, dann erzielen Sie eine besonders hohe Muskelspannung in den vorderen Oberschenkeln.
- Nach innen gerichtete Fußspitzen trainieren besonders intensiv den äußeren Bereich der vorderen Oberschenkel.
- Nach außen gerichtete Fußspitzen trainieren sehr effektiv den inneren Bereich der vorderen Oberschenkel.

Empfohlenes Trainingsgewicht für Beinstrecken
Beginner: 20–30 kg
Fortgeschrittene: 35–60 kg
Weit Fortgeschrittene: 65–90 kg

Brustmuskulatur

BANKDRÜCKEN

Schweres Bankdrücken trainiert sehr effektiv die Brust-, Schulter- und Trizepsmuskulatur und sollte in keinem guten Masseaufbauprogramm fehlen.

Übungsbeschreibung

- Ihre Fußsohlen haben vollständig Bodenkontakt.
- Fassen Sie die Hantel etwas weiter als schulterbreit.
- Drücken Sie das Gewicht bis zur vollen Streckung der Arme.
- Senken Sie die Hantel so weit nach unten ab, bis sie Kontakt mit Ihrem unteren Brustbereich bekommt.
- Drücken Sie das Gewicht, ohne am tiefsten Punkt der Bewegung zu pausieren, wieder bis zur vollen Streckung der Arme nach oben.
- Beim Hochdrücken ausatmen.

Tipps zur korrekten Technik

- Um die Brustmuskeln besonders gut zu dehnen, empfiehlt es sich, die Ellenbogen während der Abwärtsbewegung leicht nach hinten zu ziehen.
- Vermeiden Sie es, ins Hohlkreuz zu fallen, und halten Sie mit dem Gesäß stets den Kontakt mit der Flachbank.
- Sollten Sie zu Hohlkreuz neigen, empfiehlt es sich, die Oberschenkel anzuheben, die Füße zu kreuzen und die Knie leicht in Richtung Brustkorb anzuziehen.
- Federn Sie das Gewicht am tiefsten Punkt der Bewegung nicht ab, sondern drücken Sie die Langhantel kraftvoll wieder nach oben.

Ergänzende Übungshinweise

- Experimentieren Sie mit einem Griff: Legen Sie den Daumen so wie die anderen Finger um die Hantel.
- Halten Sie den Atem am tiefsten Punkt der Bewegung an und beginnen Sie erst dann mit dem Ausatmen, wenn Sie die Hantel einige Zentimeter vom Brustkorb weggedrückt haben.

Empfohlenes Trainingsgewicht

Beginner: 30–40 kg
Fortgeschrittene: 60–90 kg
Weit Fortgeschrittene: 100–140 kg

Schrägbankdrücken

Schrägbankdrücken ist die Grundübung für den Aufbau der oberen Brustmuskulatur und trägt in hohem Maße dazu bei, der Brust ein volles, pralles Aussehen zu verleihen. Auch die Schulter- und Trizepsmuskulatur profitiert von dieser Übung.

Übungsbeschreibung
- Ihre Fußsohlen haben vollständigen Bodenkontakt.
- Greifen Sie die Hantel etwas weiter als schulterbreit.
- Drücken Sie das Gewicht bis zur vollen Streckung aus der Halterung.
- Senken Sie die Langhantel so weit nach unten ab, bis sie Kontakt mit Ihrem oberen Brustbereich bekommt.
- Drücken Sie das Gewicht wieder bis zur vollen Streckung der Arme nach oben.
- Beim Hochdrücken ausatmen.

Tipps zur korrekten Technik
- Um eine sehr gute Dehnung in den Brustmuskeln zu erzielen, empfiehlt es sich, die Ellenbogen während der Abwärtsbewegung leicht nach hinten zu ziehen.
- Federn Sie das Gewicht nicht vom tiefsten Punkt der Bewegung ab, sondern drücken Sie die Hantel kraftvoll und kontrolliert durch den Einsatz der Brust-, Schulter- und Trizepsmuskulatur nach oben.
- Vermeiden Sie es, ins Hohlkreuz zu fallen, um den unteren Rückenbereich nicht zu überlasten.

Ergänzende Übungshinweise
- Halten Sie den Atem am tiefsten Punkt der Bewegung kurz an und atmen Sie erst aus, nachdem die ersten Zentimeter des Hochdrückens der Hantel gemacht sind. Das bringt mehr Schub in der Aufwärtsbewegung.
- Je steiler die Winkelstellung der Bank, umso höher ist der Trainingseffekt für die vordere Schultermuskulatur. Bankneigung 30 bis 45 Grad.

Empfohlenes Trainingsgewicht für Schrägbankdrücken
Beginner: 25–35 kg
Fortgeschrittene: 60–90 kg
Weit Fortgeschrittene: 90–120 kg

Schrägbankdrücken mit dem Kopf nach unten

Diese Übung, die besonders den unteren Ansatz der Brustmuskulatur trainiert, hat auch für die Schulter- und Trizepsmuskeln einen guten Trainingsreiz.

Übungsbeschreibung
- Sie liegen auf der nach unten geneigten Schrägbank, Ihre Füße befinden sich in der dafür vorgesehenen Halterung.
- Fassen Sie die Hantel etwas weiter als schulterbreit.
- Drücken Sie das Gewicht bis zur vollen Streckung der Arme aus der Halterung.
- Senken Sie die Hantel so weit nach unten ab, bis diese Kontakt mit Ihrem unteren Brustansatz bekommt.
- Drücken Sie das Gewicht wieder bis zur vollen Streckung der Arme nach oben.
- Beim Hochdrücken ausatmen.

Tipps zur korrekten Technik
- Vermeiden Sie es, ins Hohlkreuz zu fallen.
- Federn Sie das Gewicht nicht vom tiefsten Punkt der Bewegung ab, sondern drücken Sie die Hantel durch den kraftvollen Einsatz der Brust-, Schulter- und Trizepsmuskulatur nach oben.
- Ziehen Sie die Ellenbogen während der Abwärtsbewegung leicht nach hinten, um die Brustmuskeln besonders gut zu dehnen.

Ergänzende Übungshinweise
- Manche Athleten bevorzugen eine Griffhaltung, bei welcher der Daumen nicht vollständig um die Hantel gelegt wird, sondern so wie die anderen Finger an der Hantel platziert wird.
- Durch kurzes Anhalten des Atems am tiefsten Punkt der Bewegung, so lange, bis die ersten Zentimeter der Aufwärtsbewegung gemacht sind, kann mehr Schub beim Hochdrücken der Hantel entwickelt werden.

Empfohlenes Trainingsgewicht
Beginner: 30–40 kg
Fortgeschrittene: 60–90 kg
Weit Fortgeschrittene: 90–120 kg

Fliegende Bewegung auf der Flachbank

Fliegende Bewegung auf der Flachbank trainiert sehr gut die Brustmuskulatur und hier insbesondere den äußeren Bereich.

Übungsbeschreibung

- Sie liegen auf der Flachbank und halten mit gestreckten Armen in jeder Hand eine Kurzhantel.
- Senken Sie die Gewichte seitlich tief nach unten ab.
- Ziehen Sie die Kurzhanteln wieder bis zur vollen Streckung der Arme nach oben.
- Beim Hochziehen ausatmen.

Tipps zur korrekten Technik

- Winkeln Sie die Arme während der Bewegung leicht an, um die Ellenbogengelenke nicht zu überlasten, und drücken Sie die Arme erst im letzten Stück der Aufwärtsbewegung wieder ganz durch.
- Achten Sie darauf, dass sich Schultern, Ellenbogen und Handgelenke während der Bewegung in einer Linie befinden.
- Um die Bildung eines starken Hohlkreuzes zu vermeiden, empfiehlt es sich, die Beine anzuheben, die Füße zu kreuzen und die Knie in Richtung Brustkorb anzuziehen.

Ergänzende Übungshinweise

- Durch das Nach-innen-Drehen der Kurzhanteln im letzten Abschnitt der Bewegung erhöht sich die Belastung für den inneren Bereich der Brustmuskulatur.

Empfohlenes Trainingsgewicht für fliegende Bewegung auf der Flachbank

Beginner: 10–15 kg
Fortgeschrittene: 15–25 kg
Weit Fortgeschrittene: 25–35 kg

FLIEGENDE BEWEGUNG AUF DER SCHRÄGBANK

Fliegende Bewegung auf der Schrägbank trainiert besonders gut den oberen Bereich der Brustmuskulatur und trägt damit viel dazu bei, dass die Brustmuskeln ein volles Aussehen bekommen.

Übungsbeschreibung

- Sie liegen auf der Schrägbank und halten mit gestreckten Armen in jeder Hand eine Kurzhantel.
- Senken Sie die Gewichte seitlich tief nach unten ab.
- Ziehen Sie die Hanteln wieder bis zur vollen Streckung der Arme nach oben.
- Beim Hochziehen ausatmen.

Tipps zur korrekten Technik

- Winkeln Sie die Arme während der Bewegung leicht an, um die Ellenbogengelenke nicht zu überlasten, und drücken Sie die Arme erst im letzten Abschnitt der Bewegung wieder ganz durch.
- Die Schulter, Ellenbogen und Handgelenke sollen sich während der Bewegung immer in einer Linie befinden.
- Vermeiden Sie es, ins Hohlkreuz zu fallen, um den unteren Rückenbereich nicht zu überlasten.

Ergänzende Übungshinweise

- Durch das Nach-innen-Drehen der Kurzhanteln im letzten Abschnitt der Bewegung wird der Trainingseffekt für den inneren Bereich der Brustmuskeln erhöht.
- Je steiler die Trainingsbank eingestellt wird, umso stärker ist die Belastung für die vorderen Schultermuskeln.

Empfohlenes Trainingsgewicht für fliegende Bewegung auf der Schrägbank

Beginner: 8–12 kg
Fortgeschrittene: 15–25 kg
Weit Fortgeschrittene: 25–35 kg

FLIEGENDE BEWEGUNG MIT DEM KOPF NACH UNTEN

Fliegende Bewegung mit dem Kopf nach unten trainiert sehr effektiv den unteren Bereich der Brustmuskulatur.

Übungsbeschreibung

- Sie liegen auf der nach unten geneigten Schrägbank, die Füße befinden sich in den dafür vorgesehenen Halterungen.
- Halten Sie mit gestreckten Armen in jeder Hand eine Kurzhantel.
- Senken Sie die Gewichte tief seitlich nach unten ab.
- Ziehen Sie die Hanteln wieder bis in die Ausgangsposition mit gestreckten Armen zurück.
- Beim Hochziehen ausatmen.

Tipps zur korrekten Technik

- Winkeln Sie die Arme während der Bewegung leicht an, um die Ellenbogen nicht zu überlasten, und drücken Sie diese erst im letzten Stück der Aufwärtsphase ganz durch.
- Schulter, Ellenbogen und Handgelenke sollen eine Linie bilden.
- Vermeiden Sie es, ins Hohlkreuz zu fallen, um den unteren Rückenbereich nicht zu überlasten.

Ergänzende Übungshinweise

- Durch das Nach-innen-Drehen der Hanteln im letzten Stück der Aufwärtsbewegung wird besonders effektiv der innere Bereich der Brustmuskulatur trainiert.

Empfohlenes Trainingsgewicht für fliegende Bewegung mit dem Kopf nach unten

Beginner: 10–12,5 kg
Fortgeschrittene: 15–22,5 kg
Weit Fortgeschrittene: 25–32,5 kg

Dips am Holm

Dips sind eine sehr gute Übung für das Training der Brust-, Schulter- und Trizepsmuskulatur und sollten in keinem Masseaufbauprogramm fehlen.

Übungsbeschreibung

- Sie befinden sich mit durchgedrückten Armen, leicht angewinkelten Knien und überkreuzten Füßen im Dip-Holm.
- Senken Sie den Körper bis zum tiefsten Punkt zwischen den Holm ab.
- Drücken Sie sich wieder in die Ausgangsposition mit durchgedrückten Armen.
- Beim Hochdrücken ausatmen.

Tipps zur korrekten Technik

- Beugen Sie den Körper während der Bewegung leicht nach vorne und winkeln Sie die Ellenbogen seitlich ab, um die Brustmuskulatur besonders effektiv zu trainieren.
- Blicken Sie immer geradeaus, nicht nach unten, um die Halswirbelsäule nicht zu überlasten.

Ergänzende Übungshinweise

- Für fortgeschrittene Athleten empfiehlt es sich, Dips mit Zusatzgewicht zu trainieren, um so den Widerstand zu erhöhen.

Empfohlenes Trainingsgewicht für Dips am Holm

Beginner: ohne Gewicht
Fortgeschrittene: 10–20 kg
Weit Fortgeschrittene: 20–40 kg

Rückenmuskulatur

KREUZHEBEN

Kreuzheben ist eine der wichtigsten Grundübungen für den Aufbau von kompakter und dichter Muskelmasse im gesamten Rücken. Auch Oberschenkel und Po werden durch Kreuzheben sehr effektiv trainiert.

Übungsbeschreibung

- Sie stehen aufrecht, die Füße sind ca. schulterbreit auseinander platziert.
- Gehen Sie tief in die Hocke und greifen Sie die Langhantel mit ca. schulterbreitem Obergriff.
- Erheben Sie sich mittels des kraftvollen Einsatzes Ihrer Oberschenkel-, Po- und Rückenmuskeln bis in die Position mit gerade aufgerichtetem Oberkörper.
- Senken Sie das Gewicht wieder nach unten ab, ohne dabei den Boden zu berühren.
- Beim Anheben ausatmen.

Tipps zur korrekten Technik

- Halten Sie den Rücken während der gesamten Bewegung stets gerade und durchgedrückt, um Verletzungen insbesondere im unteren Rückenbereich zu vermeiden.
- Blicken Sie immer geradeaus nach vorne, nicht nach unten, damit die Halswirbelsäule nicht überlastet wird.
- Vermeiden Sie die X- oder O-Stellung der Kniegelenke, um die Kniegelenke nicht zu überlasten.

Ergänzende Übungshinweise

- Ein so genannter Kreuzgriff, bei dem die Langhantel mit einer Hand im Ober- und mit der anderen im Untergriff gehalten wird, ermöglicht es vielen Athleten, eine höhere Griffkraft zu entwickeln.

Empfohlenes Trainingsgewicht für Kreuzheben

Beginner: 30–50 kg
Fortgeschrittene: 80–130 kg
Weit Fortgeschrittene: 140–170 kg

BREITE KLIMMZÜGE

Klimmzüge mit breitem Griff sind eine sehr effektive Übung für das Training des großen Rückenmuskels und auch die Schulter- und Bizepsmuskulatur profitiert sehr gut von dieser Übung.

Übungsbeschreibung
- Sie hängen mit voll gestreckten Armen und weiter als schulterbreitem Griff an der Klimmzugstange.
- Die Füße sind gekreuzt und die Beine leicht angewinkelt.
- Ziehen Sie sich so weit nach oben, bis Ihr Kinn Kontakt mit der Klimmzugstange bekommt.
- Senken Sie den Körper wieder bis zur vollen Streckung ab.
- Beim Hochziehen ausatmen.

Tipps zur korrekten Technik
- Vermeiden Sie das Schwingen im Oberkörper oder das Nach-vorne-Bewegen der Oberschenkel während der Übung. Ziehen Sie sich kontrolliert und kraftvoll nach oben.
- Fortgeschrittene Athleten ziehen sich so weit nach oben, bis die Klimmzugstange Kontakt mit dem oberen Brustansatz bekommt.
- Ziehen Sie die Ellenbogen während der Aufwärtsbewegung leicht nach hinten und drücken Sie die Schulterblätter zusammen.

Ergänzende Übungshinweise
- Statt frontal zur Brust können Klimmzüge auch zum Nacken gezogen werden.
- Für besonders kräftige und fortgeschrittene Athleten besteht die Möglichkeit, den Widerstand bei Klimmzügen durch zusätzliches Gewicht in Form von Hantelscheiben, die mit einem speziellen Gürtel gehalten werden, zu erhöhen.

Empfohlenes Trainingsgewicht für Klimmzüge
Beginner: ohne Gewicht
Fortgeschrittene: 5–10 kg
Weit Fortgeschrittene: 10–20 kg

Langhantelrudern vorgebeugt

Langhantelrudern vorgebeugt ist eine sehr effektive Übung für den Aufbau von kompakter, dichter Muskelmasse im gesamten Rückenbereich und sollte seinen Platz in jedem guten Bodybuildingprogramm haben.

Übungsbeschreibung
- Sie stehen mit nach vorne gebeugtem Oberkörper und eng zusammengehaltenen Füßen auf dem Boden.
- Winkeln Sie die Knie leicht an.
- Fassen Sie die Langhantel etwas weiter als schulterbreit im Obergriff.
- Ziehen Sie die Langhantel so weit nach oben, bis sie Kontakt mit Ihrem oberen Bauchbereich bekommt.
- Senken Sie das Gewicht wieder bis zur vollen Streckung der Arme nach unten ab.
- Beim Hochziehen ausatmen.

Tipps zur korrekten Technik
- Vermeiden Sie das Schwingen im Oberkörper, damit der untere Rückenbereich nicht überlastet wird.
- Ziehen Sie die Ellenbogen in der Endposition möglichst weit nach hinten und die Schulterblätter zusammen, um eine möglichst hohe Spannung in den Rückenmuskeln zu erzeugen.
- Halten Sie den Rücken stets gerade, um die Wirbelsäule nicht zu überlasten.

Ergänzende Übungshinweise
- Der übliche Neigungswinkel des Oberkörpers liegt bei ca. 75 bis 90 Grad.
- Sollten Sie Probleme mit der Griffkraft haben, empfiehlt sich die Verwendung von Handgelenksschlaufen.

Empfohlenes Trainingsgewicht für Langhantelrudern vorgebeugt
Beginner: 25–35 kg
Fortgeschrittene: 50–75 kg
Weit Fortgeschrittene: 80–110 kg

Kurzhantelrudern einarmig

Kurzhantelrudern einarmig ist eine sehr gute Übung für den Aufbau der Rückenmuskulatur und erlaubt das zeitweise Training einer Körperseite.

Übungsbeschreibung
- Sie stehen mit nach vorne gebeugtem Oberkörper; ein Oberschenkel und ein Arm sind auf einer Trainingsbank abgestützt.
- Halten Sie in der freien Hand mit gestrecktem Arm eine Kurzhantel.
- Ziehen Sie das Gewicht so weit nach oben, bis es Ihren Bauchbereich berührt.
- Senken Sie die Hantel wieder bis zur vollen Streckung des Arms nach unten ab.
- Beim Hochziehen ausatmen.

Tipps zur korrekten Technik
- Schwingen Sie nicht mit dem Oberkörper, um den unteren Rückenbereich nicht zu überlasten.
- Halten Sie den Rücken stets gerade und durchgedrückt, um die Wirbelsäule nicht zu verletzen.

Ergänzende Übungshinweise
- Wenn Sie die Hantel während der Abwärtsbewegung stärker nach vorne bewegen, so wird dadurch eine besonders intensive Dehnung im Rückenmuskel erreicht.
- Sollten Sie Probleme mit der Griffkraft bekommen, empfiehlt sich die Verwendung von Handgelenksschlaufen.

Empfohlenes Trainingsgewicht für Kurzhantelrudern einarmig
Beginner: 15–20 kg
Fortgeschrittene: 30–40 kg
Weit Fortgeschrittene: 45–60 kg

ÜBERZÜGE MIT DER KURZHANTEL

Überzüge mit der Kurzhantel trainieren außer dem breiten Rückenmuskel noch sehr gut die Brustmuskulatur, und auch die Bauch- und vorderen Sägemuskeln profitieren von dieser Übung.

Übungsbeschreibung

- Sie liegen quer über einer Trainingsbank.
- Der obere Rückenbereich liegt auf der Bank, der Kopf befindet sich über dem Bankende in abgestützter Position.
- Halten Sie mit gekreuzten Händen und gestreckten Armen eine Kurzhantel über Ihrem Kopf.
- Senken Sie das Gewicht bis zum tiefsten Punkt nach hinten ab.
- Ziehen Sie die Hantel wieder bis in die Ausgangsposition mit gestreckten Armen.
- Beim Hochziehen ausatmen.

Tipps zur korrekten Technik

- Winkeln Sie während der Bewegung die Ellenbogen leicht an, um die Gelenke nicht zu überlasten.
- Halten Sie das Gesäß immer tief in der Ausgangsposition, um eine sehr hohe Dehnung im Oberkörper zu erzielen.

Ergänzende Übungshinweise

- Eine optimale Dehnung wird erreicht, wenn Sie die Hantel so weit nach hinten absenken, bis sie kurz Bodenkontakt bekommt.

Empfohlenes Trainingsgewicht für Überzüge mit der Kurzhantel

Beginner: 10–15 kg
Fortgeschrittene: 25–35 kg
Weit Fortgeschrittene: 35–55 kg

SCHULTERHEBEN

Schulterheben trainiert sehr gut die Trapez- und Nackenmuskulatur.

Übungsbeschreibung
- Sie stehen aufrecht mit eng zusammengestellten Füßen.
- Halten Sie eine Langhantel mit etwas weiter als schulterbreitem Obergriff vor Ihrem Körper.
- Heben Sie die Schultern so weit wie möglich nach oben in Richtung Ohrläppchen an.
- Senken Sie das Gewicht wieder bis in die Ausgangsposition ab.
- Beim Hochziehen ausatmen.

Tipps zur korrekten Technik
- Winkeln Sie die Knie leicht an, um den unteren Rückenbereich zu entlasten.
- Halten Sie die Arme während der Bewegung stets gestreckt und betrachten Sie sie als Hebel.

Ergänzende Übungshinweise
- Bei Problemen mit der Griffkraft empfiehlt sich die Verwendung von Handgelenksschlaufen.

Empfohlenes Trainingsgewicht für Schulterheben
Beginner: 40–50 kg
Fortgeschrittene: 70–110 kg
Weit Fortgeschrittene: 110–140 kg

Hyperextensions

Hyperextensions sind eine sehr gute Übung für das gezielte Training der unteren Rückenmuskulatur, auch die Po- und hintere Oberschenkelmuskulatur wird durch diese Übung belastet.

Übungsbeschreibung

- Sie liegen auf einer Hyperextensionsbank, der vordere Teil der Oberschenkel wird durch das Gerätepolster gestützt, die Fersen sind an der Fußrolle fixiert.
- Halten Sie die Hände hinter dem Nacken verschränkt.
- Senken Sie den Oberkörper nach unten ab.
- Erheben Sie sich wieder in die Ausgangsposition.
- Beim Anheben ausatmen.

Tipps zur korrekten Technik

- Halten Sie den Rücken stets durchgedrückt, vermeiden Sie ein Einrollen des Rückens, um die Wirbelsäule nicht zu überlasten.
- Heben Sie den Oberkörper nicht über die Ausgangsposition hinaus an, um Fehlbelastungen der Wirbelsäule zu vermeiden.

Ergänzende Übungshinweise

- Fortgeschrittene Athleten können diese Übung mit einer zusätzlichen Gewichtsbelastung trainieren, zum Beispiel mit einer vor der Brust gehaltenen Hantelscheibe.

Empfohlenes Trainingsgewicht für Hyperextensions

Beginner: ohne Gewicht, 10–15 Wiederholungen
Fortgeschrittene: 10–15 kg
Weit Fortgeschrittene: 20–25 kg

Schultermuskulatur

NACKENDRÜCKEN

Nackendrücken ist eine der effektivsten Übungen für den Aufbau von Muskelmasse in der gesamten Schultermuskulatur, insbesondere des vorderen Schultermuskels. Auch der Trizeps wird durch Nackendrücken trainiert.

Übungsbeschreibung

- Sie sitzen mit geradem Rücken auf einer Trainingsbank mit steil gestellter Rückenlehne.
- Fassen Sie die Langhantel mit etwas weiter als schulterbreitem Griff und drücken Sie das Gewicht bis zur vollen Streckung der Arme aus der Halterung.
- Senken Sie die Hantel so weit nach unten ab, bis die Hantelstange Kontakt mit Ihrem Nackenbereich bekommt.
- Drücken Sie die Hantel wieder in die Ausgangsposition mit gestreckten Armen zurück.
- Beim Hochdrücken ausatmen.

Tipps zur korrekten Technik

- Halten Sie den Rücken während der gesamten Bewegung gerade, um die Wirbelsäule nicht zu überlasten.

Ergänzende Übungshinweise

- Fortgeschrittene Athleten mit guter Koordination können das Nackendrücken auch auf einer Bank ohne Rückenlehne trainieren.
- Wenn Sie die Ellenbogen beim Herunterlassen des Gewichts leicht nach hinten ziehen, wird eine besonders gute Dehnung in den Schultermuskeln erzielt.

Empfohlenes Trainingsgewicht für Nackendrücken

Beginner: 20–30 kg
Fortgeschrittene: 40–60 kg
Weit Fortgeschrittene: 70–100 kg

Kurzhanteldrücken

Kurzhanteldrücken trainiert sehr gut den gesamten Schulterbereich, und auch der Trizeps wird durch diese Übung belastet.

Übungsbeschreibung
- Sie sitzen auf einer Trainingsbank mit steil gestellter Rückenlehne und halten in jeder Hand eine Kurzhantel auf Schulterhöhe.
- Drücken Sie die Gewichte bis zur vollen Streckung der Arme nach oben.
- Senken Sie die Hanteln wieder bis in die Ausgangsposition ab.
- Beim Hochdrücken ausatmen.

Tipps zur korrekten Technik
- Halten Sie den Rücken während der Bewegung stets gerade, um die Wirbelsäule nicht zu überlasten.

Ergänzende Übungshinweise
- Fortgeschrittene Athleten mit guter Muskelkoordination können Kurzhanteldrücken auch auf einer Bank ohne Rückenlehne machen.
- Beim Training mit sehr schweren Gewichten ist es empfehlenswert, sich die Hanteln von einem Trainingspartner reichen zu lassen.

Empfohlenes Trainingsgewicht für Kurzhanteldrücken
Beginner: 10–15 kg
Fortgeschrittene: 20–30 kg
Weit Fortgeschrittene: 30–45 kg

Seitheben sitzend

Seitheben sitzend trainiert sehr gut den seitlichen Bereich der Schultermuskulatur.

Übungsbeschreibung
- Sie sitzen auf einer Trainingsbank und halten mit leicht angewinkelten Armen in jeder Hand eine Kurzhantel.
- Heben Sie die Gewichte seitlich bis ca. auf Schulterhöhe nach oben.
- Senken Sie die Hanteln wieder bis in die Ausgangsposition ab.
- Beim Anheben ausatmen.

Tipps zur korrekten Technik
- Schwingen sie nicht mit dem Oberkörper, um die seitlichen Schultermuskeln optimal zu isolieren.
- Drehen Sie die Hände während der Aufwärtsbewegung so, dass der kleine Finger höher als der Daumen ist, um die hinteren Schultermuskeln verstärkt zu belasten.
- Halten Sie die Ellenbogen während der Übung immer leicht angewinkelt, um die Gelenke nicht zu überlasten.

Empfohlenes Trainingsgewicht für Seitheben sitzend
Beginner: 5–10 kg
Fortgeschrittene: 12,5–17,5 kg
Weit Fortgeschrittene: 17,5–22,5 kg

Seitheben stehend, einarmig

Das einarmige stehende Seitheben trainiert sehr effektiv den seitlichen Bereich der Schultermuskulatur und erlaubt das zeitweise Training von einer Körperhälfte.

Übungsbeschreibung
- Sie stehen aufrecht und halten in einer Hand mit leicht angewinkeltem Arm eine Kurzhantel.
- Mit der freien Hand halten Sie sich zum Beispiel an der steil gestellten Rückenlehne einer Trainingsbank fest.
- Heben Sie die Kurzhantel seitlich bis ca. auf Schulterhöhe nach oben.
- Senken Sie das Gewicht wieder bis in die Anfangsposition ab.
- Beim Anheben ausatmen.

Tipps zur korrekten Technik
- Schwingen Sie während der Bewegung nicht mit dem Oberkörper, um den seitlichen Bereich der Schultermuskulatur optimal zu isolieren.
- Drehen Sie die Hand während der Aufwärtsbewegung so, dass der kleine Finger höher als der Daumen ist, um auch die hinteren Schultermuskeln gut zu trainieren.
- Winkeln Sie den Ellenbogen leicht an, um die Gelenke nicht zu überlasten.

Ergänzende Übungshinweise
- Das einarmige stehende Seitheben ermöglicht es, sich zeitweise besonders intensiv auf eine Schulterseite zu konzentrieren.

Empfohlenes Trainingsgewicht für Seitheben stehend, einarmig
Beginner: 5–7,5 kg
Fortgeschrittene: 10–17,5 kg
Weit Fortgeschrittene: 20–22,5 kg

Seitheben vorgebeugt

Seitheben vorgebeugt trainiert sehr gut den hinteren Bereich der Schultermuskulatur und den Trapezmuskel. Die stehende Version von Seitheben vorgebeugt trainiert außerdem noch sehr effektiv die Rückenstreckermuskeln.

Übungsbeschreibung

- Sie stehen mit vorgebeugtem Oberkörper, eng zusammengehaltenen Füßen und leicht angewinkelten Knien und halten in jeder Hand eine Kurzhantel vor Ihrem Körper.
- Heben Sie die Hanteln so weit wie möglich seitlich nach oben an.
- Senken Sie die Gewichte wieder in die Ausgangsposition ab.
- Beim Anheben ausatmen.

Tipps zur korrekten Technik

- Winkeln Sie die Ellenbogen während der Bewegung leicht an, um die Gelenke nicht zu überlasten.
- Halten Sie den Rücken stets gerade und schwingen Sie nicht mit dem Oberkörper, um den unteren Rückenbereich nicht zu überlasten.
- Drücken Sie die Schulterblätter in der Endposition zusammen, um eine möglichst hohe Spannung in der Schulter- und Nackenmuskulatur zu erzielen.

Ergänzende Übungshinweise

- Seitheben vorgebeugt in der stehenden Version eignet sich besonders für Athleten mit guter Muskelkoordination und bereits kräftig entwickelten Rückenstreckermuskeln. Alle anderen Athleten sollten zunächst mit vorgebeugtem Seitheben auf der Schrägbank beginnen (siehe Seite 112).
- Je stärker die Ellenbogen angewinkelt werden, umso mehr Gewicht kann verwendet werden. Bei stark angewinkelten Ellenbogen verlagert sich die Belastung in erster Linie auf die Trapezmuskulatur.

Empfohlenes Trainingsgewicht für Seitheben vorgebeugt

Beginner: 5–10 kg
Fortgeschrittene: 12,5–20 kg
Weit Fortgeschrittene: 20–25 kg

Seitheben vorgebeugt auf der Schrägbank

Das vorgebeugte Seitheben auf der Schrägbank trainiert sehr effektiv den hinteren Bereich der Schultermuskulatur und den Trapezmuskel.

Übungsbeschreibung
- Sie liegen mit aufgestütztem Oberkörper auf der Schrägbank und halten in jeder Hand mit leicht angewinkeltem Ellenbogen eine Kurzhantel.
- Heben Sie die Gewichte seitlich so weit wie möglich nach oben.
- Senken Sie die Hanteln wieder bis in die Ausgangsposition ab.
- Beim Anheben ausatmen.

Tipps zur korrekten Technik
- Halten Sie die Ellenbogen während der Bewegung leicht angewinkelt, um die Gelenke nicht zu überlasten.
- Ziehen Sie in der Endposition die Schulterblätter zusammen, um eine möglichst hohe Spannung in der hinteren Schulter- und Nackenmuskulatur zu erzielen.

Ergänzende Übungshinweise
- Seitheben vorgebeugt auf der Schrägbank eignet sich aufgrund der abgestützten Position des Oberkörpers besonders für Beginner, um sicher und effektiv die hinteren Schultermuskeln zu trainieren.
- Je stärker die Ellenbogen angewinkelt werden, umso mehr Gewicht kann bei dieser Übung verwendet werden. Bei stark angewinkelten Ellenbogen verlagert sich die Belastung in erster Linie auf die Trapezmuskulatur.

Empfohlenes Trainingsgewicht für Seitheben vorgebeugt auf der Schrägbank
Beginner: 5–10 kg
Fortgeschrittene: 15–22,5 kg
Weit Fortgeschrittene: 22,5–32,5 kg

Rudern stehend

Rudern stehend ist eine sehr gute Übung für das Training der gesamten Schulter- und der Trapezmuskulatur.

Übungsbeschreibung

- Sie stehen aufrecht mit eng zusammengestellten Füßen, leicht angewinkelten Knien und halten mit engem Griff eine Langhantel mit gestreckten Armen vor Ihrem Körper.
- Ziehen Sie das Gewicht dicht am Körper so weit nach oben, bis die Langhantelstange Kontakt mit Ihrem Kinn bekommt.
- Senken Sie die Hantel wieder bis in die Ausgangsposition mit gestreckten Armen ab.
- Beim Anheben ausatmen.

Tipps zur korrekten Technik

- Schwingen Sie nicht im Oberkörper, um den unteren Rückenbereich nicht zu überlasten.
- Ziehen Sie die Ellenbogen in der Endposition mit erhobenen Armen möglichst weit nach hinten und nach oben, um eine besonders intensive Spannung in der Schulter- und Nackenmuskulatur zu erzeugen.

Ergänzende Übungshinweise

- Bei Problemen mit der Griffkraft empfiehlt sich die Verwendung von Handgelenksschlaufen.

Empfohlenes Trainingsgewicht für Rudern stehend

Beginner: 20–30 kg
Fortgeschrittene: 40–50 kg
Weit Fortgeschrittene: 50–65 kg

Bizepsmuskulatur

LANGHANTELCURL
Der Langhantelcurl ist eine der wichtigsten Übungen für den Aufbau von massiven, kompakten Bizepsmuskeln und sollte in keinem Massetrainingsprogramm fehlen.

Übungsbeschreibung
- Sie stehen aufrecht mit eng zusammengestellten Füßen und leicht gebeugten Knien.
- Halten Sie eine Langhantel mit voll gestreckten Armen und etwas weiter als schulterbreitem Griff vor Ihrem Körper.
- Beugen Sie die Arme so weit nach oben an, bis sich die Langhantelstange ca. auf Höhe Ihres Kinns befindet.
- Senken Sie das Gewicht wieder in die Anfangsposition ab.
- Beim Anbeugen ausatmen.

Tipps zur korrekten Technik
- Schwingen Sie nicht mit dem Oberkörper, um den unteren Rückenbereich nicht zu überlasten.
- Halten Sie die Ellenbogen während der Bewegung seitlich dicht am Körper.
- Halten Sie die Handgelenke gerade.

Ergänzende Übungshinweise
- Spannen Sie die Bizepsmuskeln in der Endposition mit gebeugten Armen stark an.

Empfohlenes Trainingsgewicht für Langhantelcurl
Beginner: 15–25 kg
Fortgeschrittene: 40–50 kg
Weit Fortgeschrittene: 50–70 kg

Scott-Curl

Scott-Curls sind eine erstklassige Übung für den Aufbau von vollen, kompakten Bizepsmuskeln.

Übungsbeschreibung

- Sie sitzen so hinter der Scott-Bank, dass sich das obere Ende des Armpolsters am oberen Bereich Ihres Brustkorbs befindet.
- Fassen Sie die Langhantel mit ca. schulterbreitem Griff. Die Arme sind voll gestreckt.
- Beugen Sie das Gewicht so weit nach oben an, bis sich die Hantelstange ca. auf Höhe Ihres Kinns befindet.
- Senken Sie das Gewicht wieder bis zur vollen Streckung der Arme ab.
- Beim Anbeugen ausatmen.

Tipps zur korrekten Technik

- Die Ellenbogen sollen während der Bewegung stets Kontakt mit dem Armpolster haben.
- Schultern, Ellenbogen und Handgelenke sollen immer in einer Linie gehalten werden.
- Die Handgelenke sollen gerade gehalten werden.

Ergänzende Übungshinweise

- Spannen Sie die Bizepse in der Position mit angebeugten Armen stark an.

Empfohlenes Trainingsgewicht für Scott-Curls

Beginner: 25–30 kg
Fortgeschrittene: 35–50 kg
Weit Fortgeschrittene: 50–65 kg

Kurzhantelcurl sitzend

Kurzhantelcurl sitzend trainiert sehr effektiv die Bizepsmuskeln und erlaubt das zeitweise Training von einem Arm.

Übungsbeschreibung

- Sie sitzen auf einer Trainingsbank und halten mit voll gestreckten Armen in jeder Hand eine Kurzhantel.
- Beugen Sie einen Arm so weit nach oben an, bis die Hantel sich ca. auf Schulterhöhe befindet.
- Senken Sie das Gewicht wieder in die Ausgangsposition ab und wiederholen Sie die Bewegung mit dem anderen Arm.
- Beim Anbeugen ausatmen.

Tipps zur korrekten Technik

- Schwingen Sie nicht mit dem Oberkörper und halten Sie den Rücken gerade, um die Lendenwirbelsäule nicht zu überlasten.
- Halten Sie die Ellenbogen während der Bewegung seitlich dicht am Körper.
- Halten Sie die Handgelenke gerade.
- Die Handflächen sollen während der Bewegung immer leicht nach außen zeigen, um die Bizepsmuskeln besonders gezielt zu belasten.

Ergänzende Übungshinweise

- Um die Bewegung besonders sauber zu trainieren, empfiehlt es sich, die Übung auf einer Bank mit steil gestellter Rückenlehne zu machen.
- Statt Kurzhantelcurl sitzend einarmig kann diese Übung auch mit beiden Armen gleichzeitig trainiert werden.
- Durch leichtes Nach-innen-Drehen der Hand in der Endposition mit angebeugtem Arm, sodass der kleine Finger in Richtung Schulter zeigt, wird eine besonders hohe Spannung im Bizepsmuskel erzielt.

Empfohlenes Trainingsgewicht für Kurzhantelcurl sitzend

Beginner: 8–12 kg
Fortgeschrittene: 15–20 kg
Weit Fortgeschrittene: 20–30 kg

Konzentrationscurl

Konzentrationscurls sind eine sehr gute Übung für das zeitweise gezielte Training eines Arms.

Übungsbeschreibung
- Sie sitzen mit vorgebeugtem Oberkörper auf einer Trainingsbank und halten mit voll gestrecktem Arm eine Kurzhantel in einer Hand.
- Der Ellenbogen hat Kontakt mit der Innenseite des Oberschenkels.
- Die freie Hand ist auf dem anderen Bein abgestützt.
- Beugen Sie die Hantel so weit nach oben an, bis sich diese ca. auf Schulterhöhe befindet.
- Senken Sie das Gewicht wieder bis zur vollen Streckung des Arms nach unten ab.
- Beim Anbeugen ausatmen.

Tipps zur korrekten Technik
- Schwingen Sie nicht mit dem Oberkörper, um den Bizeps optimal zu isolieren.
- Halten Sie die Handgelenke gerade.

Ergänzende Übungshinweise
- Spannen Sie den Bizeps in der Position mit angebeugtem Arm stark an.
- Statt mit auf dem Bein gestützten Ellenbogen können Konzentrationscurls auch mit frei hängenden Ellenbogen trainiert werden.

Empfohlenes Trainingsgewicht für Konzentrationscurl
Beginner: 8–12 kg
Fortgeschrittene: 15–22,5 kg
Weit Fortgeschrittene: 22,5–27,5 kg

Trizepsmuskulatur

Engbankdrücken

Engbankdrücken ist eine der effektivsten Masseaufbauübungen für die Trizepsmuskulatur, und auch die Brust- und vorderen Schultermuskeln werden gut trainiert.

Übungsbeschreibung

- Sie liegen auf einer Flachbank und fassen eine Langhantel mit enger als schulterbreitem Griff. Die Füße haben Kontakt mit dem Boden.
- Drücken Sie das Gewicht so weit aus der Halterung, bis die Arme voll gestreckt sind.
- Senken Sie die Langhantel bis zu Ihrem unteren Brustansatz ab.
- Drücken Sie das Gewicht wieder bis zur vollen Streckung der Arme nach oben.
- Beim Hochdrücken ausatmen.

Tipps zur korrekten Technik

- Die Ellenbogen sollen während der Bewegung dicht seitlich am Körper geführt werden.
- Halten Sie die Handgelenke gerade.
- Sollten Sie zu starkem Hohlkreuz neigen, dann heben Sie die Beine an, kreuzen die Füße und ziehen die Oberschenkel leicht in Richtung Brustkorb an.

Ergänzende Übungshinweise

- Federn Sie das Gewicht nicht von Ihrem Brustkorb ab, sondern drücken Sie die Hantel durch den kraftvollen und kontrollierten Einsatz Ihrer Trizeps- und Brustmuskulatur nach oben.

Empfohlenes Trainingsgewicht für Engbankdrücken

Beginner: 20–30 kg
Fortgeschrittene: 50–80 kg
Weit Fortgeschrittene: 80–110 kg

Dips am Holm

Dips sind eine sehr gute Übung für das Training der Brust-, Schulter- und Trizepsmuskulatur und sollten in keinem Masseaufbauprogramm fehlen.

Übungsbeschreibung

- Sie befinden sich mit durchgedrückten Armen, leicht angewinkelten Knien und überkreuzten Füßen im Dip-Holm.
- Senken Sie den Körper bis zum tiefsten Punkt zwischen dem Holm ab.
- Drücken Sie sich wieder in die Ausgangsposition mit durchgedrückten Armen.
- Beim Hochdrücken ausatmen.

Tipps zur korrekten Technik

- Beugen Sie den Körper während der Bewegung leicht nach vorne und winkeln Sie die Ellenbogen seitlich ab, um die Brustmuskulatur besonders effektiv zu trainieren.
- Blicken Sie immer geradeaus, nicht nach unten, um die Halswirbelsäule nicht zu überlasten.

Ergänzende Übungshinweise

- Für fortgeschrittene Athleten empfiehlt es sich, Dips mit Zusatzgewicht zu trainieren, um so den Widerstand zu erhöhen.

Empfohlenes Trainingsgewicht für Dips am Holm

Beginner: ohne Gewicht
Fortgeschrittene: 10–20 kg
Weit Fortgeschrittene: 20–40 kg

Tipp

- Für das gezielte Training der Trizepsmuskulatur empfiehlt es sich, die Ellenbogen seitlich möglichst dicht am Körper zu führen und den Oberkörper während der Bewegung möglichst gerade zwischen dem Holm abzusenken.

FRENCH PRESS SITZEND MIT DER SZ-STANGE

French Press baut sehr gut Masse und Fülle im Trizeps auf und sollte in keinem Masseaufbauprogramm für die Oberarme fehlen.

Übungsbeschreibung

- Sie sitzen auf einer Trainingsbank mit steil gestellter Rückenlehne und halten eine SZ-Stange mit engem Griff und voll gestreckten Armen über dem Kopf.
- Senken Sie das Gewicht so weit wie möglich hinter den Kopf ab.
- Drücken Sie die SZ-Stange vom tiefsten Punkt der Bewegung so weit nach oben, bis die Arme voll gestreckt sind.
- Beim Hochdrücken ausatmen.

Tipps zur korrekten Technik

- Halten Sie die Ellenbogen während der Bewegung möglichst seitlich dicht neben dem Kopf. Sollten die Ellenbogen weit seitlich nach außen gebracht werden müssen, um die Hantel wieder nach oben zu drücken, so ist das Gewicht wahrscheinlich zu schwer.

Ergänzender Übungshinweis

- Fortgeschrittene Athleten mit guter Körperkoordination können French Press sitzend auch auf einer Bank ohne Rückenlehne trainieren (siehe Foto).

Empfohlenes Trainingsgewicht für French Press sitzend mit der SZ-Stange

Beginner: 15–20 kg
Fortgeschrittene: 35–45 kg
Weit Fortgeschrittene: 50–60 kg

FRENCH PRESS SITZEND MIT DER KURZHANTEL

French Press sitzend mit der Kurzhantel ist eine sehr gute Übung für den Aufbau der Trizepsmuskulatur und erlaubt das zeitweise gezielte Training eines Arms.

Übungsbeschreibung
- Sie sitzen auf einer Trainingsbank mit steil gestellter Rückenlehne und halten in einer Hand mit gestrecktem Arm eine Kurzhantel.
- Die freie Hand ist auf dem Oberschenkel abgestützt.
- Senken Sie die Kurzhantel so weit wie möglich hinter Ihren Kopf ab.
- Drücken Sie das Gewicht wieder bis zur vollen Streckung des Arms nach oben.
- Beim Hochdrücken ausatmen.

Tipps zur korrekten Technik
- Halten Sie den Oberarm während der Bewegung möglichst immer seitlich dicht am Kopf. Bei zu schwerem Trainingsgewicht wird der Ellenbogen seitlich stark abgewinkelt.

Ergänzender Übungshinweis
- Fortgeschrittene Athleten mit guter Körperkoordination können diese Übung auch auf einer Trainingsbank ohne Rückenlehne machen (siehe Foto).

Empfohlenes Trainingsgewicht für French Press sitzend mit der Kurzhantel
Beginner: 6–10 kg
Fortgeschrittene: 12,5–20 kg
Weit Fortgeschrittene: 20–25 kg

French Press liegend

French Press liegend trainiert sehr effektiv die Trizepsmuskeln und baut kompakte Masse im Oberarm auf.

Übungsbeschreibung

- Sie liegen auf einer Flachbank und halten mit etwas engerem als schulterbreitem Griff eine Langhantel mit voll gestreckten Armen über dem Kopf.
- Die Füße haben Kontakt mit dem Boden.
- Senken Sie die Langhantel so weit nach unten ab, bis die Stange Kontakt mit Ihrer Stirn bekommt.
- Drücken Sie das Gewicht wieder bis zur vollen Streckung der Arme nach oben.
- Beim Hochdrücken ausatmen.

Tipps zur korrekten Technik

- Halten Sie die Ellenbogen während der Bewegung möglichst dicht seitlich am Kopf. Bei zu schweren Gewichten werden die Ellenbogen seitlich stark abgewinkelt, um das Gewicht nach oben drücken zu können.
- Sollten Sie zu starkem Hohlkreuz neigen, winkeln Sie die Beine an, kreuzen die Füße und ziehen die Oberschenkel leicht in Richtung Brustkorb an.

Ergänzender Übungshinweis

- Um eine besonders intensive Dehnung in der Trizepsmuskulatur zu erzielen, kann die Langhantel auch statt bis zur Stirn weit hinter den Kopf abgesenkt werden.

Empfohlenes Trainingsgewicht für French Press liegend

Beginner: 20–25 kg
Fortgeschrittene: 30–45 kg
Weit Fortgeschrittene: 50–70 kg

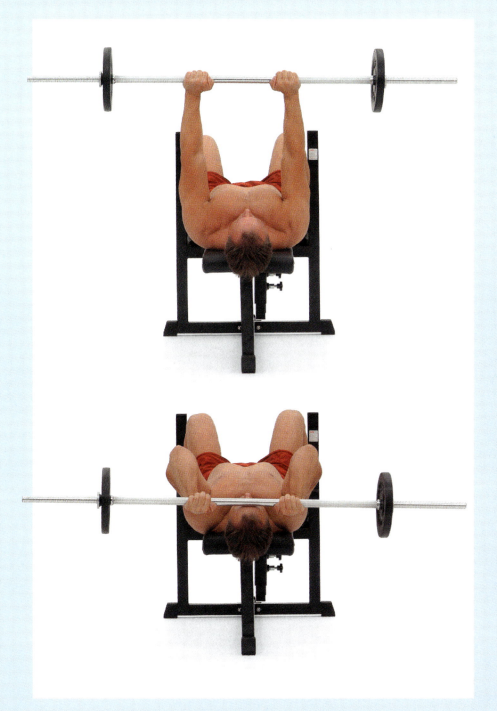

Unterarmmuskulatur

HANDGELENKCURL

Handgelenkcurls bauen kräftige, stabile Unterarme auf.

Übungsbeschreibung
- Sie sitzen mit vorgebeugtem Oberkörper auf einer Trainingsbank und halten mit engem Griff eine Langhantel. Die Handgelenke ragen dabei über das Bankende hinaus.
- Senken Sie die Langhantel so weit wie möglich in Richtung Boden ab.
- Beugen Sie das Gewicht vom tiefsten Punkt der Bewegung wieder in die Anfangsposition an.
- Beim Anbeugen ausatmen.

Tipps zur korrekten Technik
- Halten Sie die Ellenbogen immer in Kontakt mit dem Bankpolster.

Ergänzende Übungshinweise
- Handgelenkcurls trainieren sehr gut die Griffkraft.
- Um den Bewegungsradius bei dieser Übung zu erweitern, kann die Langhantel in der Endposition mit nach unten zeigenden Handgelenken bis an den unteren Bereich der Fingerspitzen abgerollt werden.

Empfohlenes Trainingsgewicht für Handgelenkcurls
Beginner: 25–30 kg
Fortgeschrittene: 40–60 kg
Weit Fortgeschrittene: 60–80 kg

Reverse Curl

Reverse Curls sind eine sehr gute Übung zum Aufbau kräftiger, massiver Unterarme.

Übungsbeschreibung

- Sie stehen aufrecht mit enger Fußstellung und leicht angewinkelten Knien und halten eine Langhantel mit etwa schulterbreitem Obergriff und voll gestreckten Armen vor Ihrem Körper.
- Beugen Sie das Gewicht so weit nach oben an, bis sich die Langhantelstange auf Schulterhöhe befindet.
- Senken Sie die Hantel wieder in die Ausgangsposition ab.
- Beim Anbeugen ausatmen

Tipps zur korrekten Technik

- Schwingen Sie nicht mit dem Oberkörper, um den unteren Rückenbereich nicht zu überlasten.
- Halten Sie die Ellenbogen während der Bewegung möglichst dicht seitlich am Körper, um die Unterarmmuskulatur bestmöglich zu isolieren.

Ergänzender Übungshinweis

- Reverse Curls trainieren auch sehr gut die Bizepsmuskulatur.

Empfohlenes Trainingsgewicht für Reverse Curls

Beginner: 15–20 kg
Fortgeschrittene: 30–55 kg
Weit Fortgeschrittene: 40–50 kg

Hammer Curl, sitzend

Eine der besten Unterarmübungen sind Hammercurls im Sitzen.

Übungsbeschreibung
- Sie sitzen auf einer Trainingsbank und halten mit gestreckten Armen und parallel zueinander gerichteten Handflächen in jeder Hand eine Kurzhantel.
- Beugen Sie einen Arm so weit nach oben an, bis sich die Kurzhantel ca. auf Schulterhöhe befindet.
- Senken Sie das Gewicht wieder in die Position mit gestrecktem Arm ab und wiederholen Sie die Bewegung mit dem anderen Arm.
- Beim Anbeugen ausatmen.

Tipps zur korrekten Technik
- Schwingen Sie nicht mit dem Oberkörper, um den unteren Rückenbereich nicht zu überlasten.
- Halten Sie die Ellenbogen während der Bewegung möglichst dicht seitlich am Körper, um die Unterarmmuskeln bestmöglichst zu isolieren.

Ergänzender Übungshinweis
- Hammer Curls trainieren auch sehr gut die Bizepsmuskulatur.

Empfohlenes Trainingsgewicht für Hammer Curls
Beginner: 8–12 kg
Fortgeschrittene: 15–20 kg
Weit Fortgeschrittene: 22,5–27,5 kg

Wadenmuskulatur

WADENHEBEN STEHEND
Wadenheben stehend baut massive, kräftige Wadenmuskeln auf.

Übungsbeschreibung
- Sie stehen mit engem Fußabstand, leicht angewinkelten Knien und gerade nach vorne zeigenden Zehen so in der Wadenmaschine, dass nur die Fußspitzen Kontakt mit dem Fußbrett haben.
- Senken Sie die Füße so weit wie möglich in Richtung Boden ab.
- Erheben Sie sich so weit wie möglich auf den Fußspitzen nach oben.
- Beim Anheben ausatmen.

Tipps zur korrekten Technik
- Halten Sie die Knie während der Bewegung immer leicht gebeugt, um den unteren Rückenbereich zu entlasten.
- Drücken Sie am höchsten Punkt der Übung noch einmal kräftig nach, um eine möglichst intensive Kontraktion in den Wadenmuskeln zu erzielen.

Ergänzender Übungshinweis
- Bei Wadenheben stehend kann mit sehr viel Gewicht trainiert und damit ein hoher Wachstumsreiz für die oftmals widerspenstigen Wadenmuskeln erzielt werden.

Empfohlenes Trainingsgewicht für Wadenheben stehend
Beginner: 60–80 kg
Fortgeschrittene: 150–250 kg
Weit Fortgeschrittene: 250–350 kg

Wadenheben an der Beinpresse

Wadenheben an der Beinpresse trainiert sehr effektiv die gesamte Wadenmuskulatur.

Übungsbeschreibung
- Sie liegen mit leicht angewinkelten Knien, engem Fußabstand und gerade nach vorne zeigenden Zehen in der Beinpresse.
- Nur die Fußspitzen haben Kontakt mit der Geräteplatte.
- Senken Sie die Fersen so weit wie möglich nach unten ab.
- Drücken Sie die Fußspitzen bis zum höchsten Punkt nach oben.
- Beim Hochdrücken ausatmen.

Tipps zur korrekten Technik
- Halten Sie die Knie während der Bewegung immer leicht gebeugt, um die Kniegelenke nicht zu überlasten.
- Drücken Sie am höchsten Punkt der Bewegung noch einmal kräftig nach, um eine möglichst intensive Kontraktion in der Wadenmuskulatur zu erzeugen.

Ergänzender Übungshinweis
- Beim Wadenheben an der Beinpresse kann mit sehr hohen Gewichten trainiert und damit ein sehr guter Wachstumsreiz für die Wadenmuskulatur erzielt werden.

Empfohlenes Trainingsgewicht für Wadenheben an der Beinpresse
Beginner: 80–100 kg
Fortgeschrittene: 180–250 kg
Weit Fortgeschrittene: 300–350 kg

Bauchmuskulatur

BEINHEBEN LIEGEND

Beinheben liegend trainiert sehr gut die Bauchmuskeln und hier insbesondere den unteren Bereich.

Übungsbeschreibung

- Sie liegen rücklings auf einer Flachbank. Die Hände befinden sich unter dem Po oder seitlich am Bankende neben dem Kopf.
- Heben Sie die Beine so weit nach oben an, bis sich die Füße ca. auf Höhe des Bankendes befinden.
- Senken Sie die Füße so weit nach unten ab, bis sie sich tiefer als die Höhe der Trainingsbank befinden.
- Beim Anheben ausatmen.

Tipps zur korrekten Technik

- Halten Sie die Knie immer leicht gebeugt, um den unteren Rückenbereich nicht zu überlasten.

Ergänzender Übungshinweis

- Fortgeschrittene können Beinheben liegend auch mit zusätzlicher Gewichtsbelastung durch eine zwischen den Füßen gehaltenen Kurzhantel trainieren.

Empfohlenes Trainingsgewicht für Beinheben liegend

Beginner: ohne Gewicht, 15–25 Wiederholungen
Fortgeschrittene: 6–10 kg, 15–25 Wiederholungen
Weit Fortgeschrittene: 12,5–17,5 kg, 15–25 Wiederholungen

CRUNCH

Crunch trainiert sehr effektiv den oberen Bereich der Bauchmuskulatur.

Übungsbeschreibung

- Sie liegen mit gekreuzten Füßen, angewinkelten Oberschenkeln und zusammengehaltenen Knien rücklings auf dem Boden oder einer Trainingsbank.
- Die Hände befinden sich an Ihren Schläfen.
- Ziehen Sie die Knie in Richtung Oberkörper und erheben Sie den Kopf so weit nach vorne, bis Ihre Ellenbogen und Ihre Oberschenkel sich berühren.
- Senken Sie den Kopf wieder ab und bewegen Sie die Oberschenkel wieder vom Körper weg.
- Beim Anziehen ausatmen.

Tipps zur korrekten Technik

- Bewegen Sie die Beine nur so weit vom Körper weg, dass Sie nicht ins Hohlkreuz gehen, um den unteren Rückenbereich nicht zu überlasten.
- Halten Sie die Knie und die Ellenbogen während der Bewegung stets zusammen.

Ergänzender Übungshinweis

- Drücken Sie in der Position mit aufgerichtetem Oberkörper und angezogenen Beinen noch einmal kräftig nach, um eine möglichst hohe Kontraktion in der Bauchmuskulatur zu erzielen.

Empfohlene Wiederholungszahlen pro Satz für Crunch

Beginner: 15–20
Fortgeschrittene: 20–30
Weit Fortgeschrittene: 30–50

Dehnübungen

4 Übungen
zum Dehnen der Muskeln

Hintere Oberschenkel

Stehende einbeinige Dehnung

- Positionieren Sie einen Fuß auf einer ca. hüfthohen Ablage, zum Beispiel der Rückenlehne einer Trainingsbank.
- Beugen Sie den Oberkörper nach vorne und greifen Sie mit den Händen das Schienbein oder den Fuß des hochgelegten Beins.
- Halten Sie beide Knie durchgedrückt.

Sitzende Dehnung

- Sitzen Sie mit eng zusammengelegten Beinen.
- Beugen Sie den Oberkörper nach vorne und greifen Sie mit den Händen die Schienbeine oder die Füße.
- Halten Sie die Knie durchgedrückt.

VORDERE OBERSCHENKEL

Stehende einbeinige Dehnung
- Halten Sie sich mit einer Hand zum Beispiel am Ende einer Trainingsbank fest.
- Winkeln Sie ein Bein an und greifen Sie mit der freien Hand das Fußgelenk.
- Ziehen Sie das Fußgelenk in Richtung Po.
- Halten Sie den Oberkörper aufrecht.

Sitzende Dehnung
- Setzen Sie sich so auf den Boden, dass Ihre Oberschenkel auf den Waden liegen.
- Positionieren Sie beide Hände hinter Ihrem Körper.
- Beugen Sie den Oberkörper nach hinten.
- Halten Sie den Rücken gerade.
- Vermeiden Sie ein Zur-Seite-Abknicken der Fußgelenke.

ADDUKTOREN

Liegende Dehnung
- Sie liegen rücklings mit seitlich abgewinkelten Oberschenkeln auf dem Boden, die Füße berühren sich mit den Fußsohlen.
- Legen Sie Ihre Hände auf die Innenseite der Oberschenkel oder die Knie und drücken Sie die Beine nach unten.

Sitzende Dehnung
- Sie sitzen mit geradem Rücken und seitlich abgewinkelten Oberschenkeln auf dem Boden, die Füße berühren sich mit den Fußsohlen.
- Legen Sie die Hände auf die Knie und drücken Sie die Beine in Richtung Boden.

Unterer Rücken

Einbeinige liegende Dehnung

- Sie liegen rücklings auf dem Boden und winkeln ein Bein in Richtung Brustkorb an.
- Umfassen Sie das Knie des angewinkelten Beins mit beiden Händen und ziehen Sie es in Richtung Brustkorb.

Liegende seitliche Dehnung

- Sie liegen rücklings auf dem Boden und winkeln ein Bein an.
- Greifen Sie mit der Hand des gegenüberliegenden Arms das Knie und ziehen Sie es in Richtung Boden über das ausgestreckte Bein.
- Drehen Sie den Kopf in die entgegengesetzte Richtung.

BAUCHMUSKULATUR

Liegende Dehnung auf dem Rücken

- Sie liegen mit gestreckten Armen und Beinen rücklings auf dem Boden.
- Ziehen Sie die Arme so weit wie möglich nach hinten.
- Halten Sie die Beine gestreckt.

Liegende Dehnung auf dem Bauch

- Sie liegen mit gestreckten Beinen und nach vorne gerichteten Armen bäuchlings auf dem Boden.
- Richten Sie den Oberkörper auf.
- Blicken Sie beim Aufrichten des Oberkörpers gerade nach vorne.

BRUSTMUSKULATUR

Einarmige Dehnung im Stehen

- Greifen Sie mit einer Hand eine Ablage etwa in Schulterhöhe, zum Beispiel in einen Türrahmen oder an das Gestänge eines Zugturms.
- Drehen Sie die Oberkörper seitlich ab.
- Halten Sie den Arm gestreckt.

Partnerdehnung im Sitzen

- Sie sitzen am Ende einer Trainingsbank und halten beide Arme gestreckt. Die Handgelenke befinden sich ca. auf Schulterhöhe.
- Ihr Partner steht hinter Ihnen, positioniert ein Knie als Stütze an Ihrem Rücken und zieht mit beiden Händen Ihre Ellenbogen nach hinten.
- Halten Sie die Arme gestreckt.

Rückenmuskulatur

Beidseitige Dehnung im Knien

- Sie befinden sich in kniender Position auf dem Boden.
- Beugen Sie den Oberkörper nach vorne und strecken Sie die Arme bis weit vor Ihren Körper. Die Handflächen berühren den Boden.
- Halten Sie den Rücken gerade.

Einarmige Dehnung im Stehen

- Beugen Sie den Oberkörper nach vorne und greifen Sie mit einer Hand das Gestänge eines Zugturms oder die Rückenlehne einer Trainingsbank.
- Stützen Sie die freie Hand auf dem Oberschenkel ab.
- Halten Sie die Knie gebeugt.

Schultermuskulatur

Einarmige sitzende Dehnung vor der Brust
- Sie sitzen am Ende einer Trainingsbank und umfassen den auf Schulterhöhe befindlichen Ellenbogen mit der Hand des anderen Arms.
- Ziehen Sie den Ellenbogen in Richtung Oberkörper.
- Halten Sie den Rücken gerade.

Beidarmige stehende Dehnung hinter dem Körper
- Sie stehen aufrecht mit hinter dem Körper verschränkten Händen.
- Bewegen Sie die Hände nach hinten weg vom Oberkörper.
- Beim Nach-hinten-Bewegen der Hände können Sie den Oberkörper leicht nach vorne beugen.

Trizepsmuskulatur

Einarmige Dehnung im Sitzen
- Sie sitzen am Ende einer Trainingsbank und positionieren den einen Arm seitlich neben dem Kopf, den anderen Arm hinter dem Körper.
- Halten Sie in beiden Händen ein Handtuch und ziehen Sie es mit der hinter dem Rücken gehaltenen Hand in Richtung Boden.

Beidarmige Dehnung im Stehen
- Sie stehen aufrecht mit vor dem Körper gestreckten Armen und verschränkten Händen, sodass sich die Hände ca. auf Augenhöhe befinden.
- Drehen Sie die Handflächen nach außen und drücken Sie die Arme durch.

Bizepsmuskulatur

Beidarmige Dehnung im Stehen, Hände nach unten

- Sie stehen aufrecht mit seitlich am Körper gehaltenen Armen.
- Strecken Sie die Ellenbogen voll durch, die Handflächen zueinander gewandt.

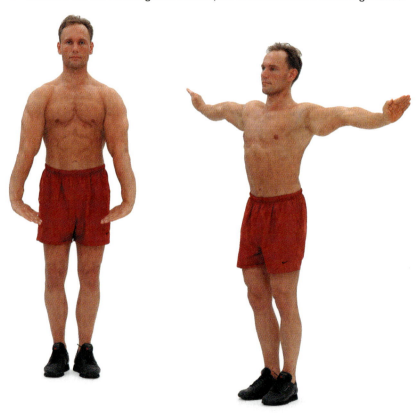

Beidarmige Dehnung im Stehen, Hände zur Seite

- Sie stehen aufrecht mit seitlich vom Körper gehaltenen Armen, die Hände befinden sich ca. auf Schulterhöhe.
- Drücken Sie die Ellenbogen voll durch und beugen Sie die Handgelenke nach oben an.

Unterarmmuskulatur

Flaches Auflegen der Hände im Knien

- Sie knien auf dem Boden, die Handflächen liegen flach auf dem Boden.
- Halten Sie die Hände so, dass die Finger in Richtung Oberschenkel zeigen und die Daumen nach außen gerichtet sind.
- Drücken Sie die Ellenbogen ganz durch.

Flaches Auflegen der Hände im Sitzen

- Sie sitzen aufrecht auf einer Trainingsbank, die Handflächen befinden sich ganz auf dem Polster neben dem Po.
- Halten Sie die Hände so, dass die Finger nach hinten zeigen und die Daumen nach außen gerichtet sind.
- Drücken Sie die Ellenbogen ganz durch.

WADENMUSKULATUR

Einbeinige Dehnung an der Wand

- Stützen Sie sich mit gestreckten Armen und beiden Händen an einer Wand oder der Rückenlehne einer Trainingsbank ab und beugen Sie den Oberkörper nach vorne.
- Setzen Sie einen Fuß mit gestrecktem Bein nach hinten.
- Halten Sie die Fersen stets vollständig auf dem Boden.

Einbeinige Dehnung auf einer Unterlage

- Sie stehen aufrecht und greifen mit den Händen eine Ablage etwa in Hüfthöhe, zum Beispiel die Rückenlehne einer Trainingsbank.
- Setzen Sie einen Fuß mit den Zehen auf eine einige Zentimeter hohe Ablage, zum Beispiel ein Holzbrett oder eine dicke Hantelscheibe.
- Senken Sie den aufgelegten Fuß so weit wie möglich nach unten ab, ohne Kontakt mit dem Boden zu bekommen.
- Halten Sie die Kniegelenke durchgedrückt.

Trainings-*programme* 5

Dieses Kapitel soll mit dem Ganzkörpertraining beginnen, das für jeden Körpertyp gleich gestaltet ist. Das Ganzkörpertraining ist in Zeiten des Split-Trainings, bei welchem einzelne Muskelgruppen entweder alleine oder im Verbund mit anderen Muskelgruppen belastet werden, etwas aus dem Blickfeld vieler Athleten geraten. Einen sechs- bis achtwöchigen Versuch ist das Ganzkörpertraining aber auf jeden Fall wert. Entscheiden Sie nach diesem Zeitraum, ob Sie dieses Trainingssystem zu einem festen Bestandteil Ihrer Trainingsplanung machen möchten.

Die auf den folgenden Seiten gezeigten Trainingspläne dienen als Leitfaden für die körpertypgerechte Trainingsplanung zum Aufbau von massiven Muskeln.

GANZKÖRPERTRAINING

Tag 1: Training
Tag 2: Pause
Tag 3: Training
Tag 4: Pause
Tag 5: Training
Tag 6: Pause
Tag 7: Pause

Muskelgruppe	Übung	Sätze	WH	Methode
Beine	Tiefe Kniebeuge	3	6–10	Pyramide
Brust	Bankdrücken	3	5–8*	Pyramide
Rücken	Breite Klimmzüge oder Langhantel-	3	max.	ohne Gewicht
	Rudern vorgebeugt	3	6–10	Pyramide
Schulter	Nackendrücken	3	5–8*	Pyramide
Bizeps	Langhantelcurl	3	5–8*	Pyramide
Bauch	Crunch	2	25–50	ohne Gewicht
Waden	Wadenheben stehend	2	15–20	gleiches Gewicht

- * = Falls Trainingspartner vorhanden, in jedem zweiten bis dritten Training im letzten Satz 1–3 Intensivwiederholungen anschließen.
- Vor den schweren Sätzen immer einen oder zwei leichte Aufwärmsätze zu je 10 Wiederholungen machen.

Training für den Ektomorph

3 TAGE SPLIT PROGRAMM

Tag 1: Brust/Trizeps

Tag 2: Pause

Tag 3: Beine/Bizeps

Tag 4: Pause

Tag 5: Rücken/Schulter

Tag 6: Pause

Tag 7: Pause

Muskelgruppe	Übung	Sätze	WH	Methode
Brust	Schrägbankdrücken	2	5–8*	Pyramide
	Fliegende Bewegung auf der Schrägbank	2	6–10	gleiches Gewicht
	Bankdrücken	2	5–8*	umgekehrte Pyramide
Trizeps	Dips	2	6–8	mit Gewicht
	French Press sitzend mit der SZ-Stange	2	6–10*	Pyramide
	French Press sitzend mit der Kurzhantel	2	6–8	gleiches Gewicht
Beine	Beincurl	2	8–10*	umgekehrte Pyramide

Muskelgruppe	Übung	Sätze	WH	Methode
	Tiefe Kniebeugen	3	6–10	Pyramide
	Kreuzheben mit leicht angewinkelten Knien	2	10	gleiches Gewicht
Bizeps	Kurzhantelcurl sitzend	2	6–8	Pyramide
	Langhantelcurl	2	6–8*	Pyramide
Rücken	Breite Klimmzüge	3	max.	ohne Gewicht
	Langhantelrudern vorgebeugt	2	6–10	Pyramide
	Überzüge mit der Kurzhantel	2	6–10	Pyramide
Schulter	Nackendrücken	3	5–8*	Pyramide
	Rudern stehend	2	6–8	Pyramide
	Schulterheben	2	10	gleiches Gewicht

- Vor den schweren Sätzen immer einen oder zwei leichte Aufwärmsätze zu je 10 Wiederholungen machen.
- * = Falls Trainingspartner vorhanden, in jedem zweiten bis dritten Training im letzten Satz 1–3 Intensivwiederholungen anschließen.
- Bauch und Wadenmuskeln können in jedem zweiten bis dritten Training mit je einer Übung zu zwei Sätzen und 25–50 Wiederholungen / Satz (Bauch) bzw. 15–20 Wiederholungen / Satz (Waden) trainiert werden.

4 Tage Split Programm

Tag 1: Beine/Brust/Trizeps
Tag 2: Rücken/Schulter/Bizeps
Tag 3: Pause
Tag 4: Beine/Brust/Trizeps
Tag 5: Rücken/Schulter/Bizeps
Tag 6: Pause
Tag 7: Pause

Muskelgruppe	Übung	Sätze	WH	Methode
Beine	Tiefe Kniebeugen	3	6–10	Pyramide
	Beinpressen	2	6–10	Pyramide
Brust	Bankdrücken	3	5–8*	Pyramide
	Fliegende Bewegung auf der Flachbank	2	8–10*	Pyramide
	Schrägbankdrücken	2	5–8	umgekehrte Pyramide
Trizeps	Dips	2	6–10	mit Gewicht
	French Press liegend	2	6–10*	Pyramide
Rücken	Kreuzheben	3	6–10	Pyramide
	Langhantelrudern vorgebeugt	3	6–10	Pyramide
	Schulterheben	2	8–10	gleiches Gewicht
Schulter	Nackendrücken	3	5–8*	umgekehrte Pyramide
	Seitheben sitzend	2	8–10	gleiches Gewicht

Muskelgruppe	Übung	Sätze	WH	Methode
Bizeps	Kurzhantelcurl sitzend	2	6–10*	Pyramide
	Scott-Curl	1	5–7	abnehmender Satz/3 Stufen

- * = Falls Trainingspartner vorhanden, in jedem zweiten bis dritten Training im letzten Satz 1–3 Intensivwiederholungen anschließen.
- Vor den schweren Sätzen immer einen oder zwei leichte Sätze zu je 10 Wiederholungen machen.
- Bauchmuskeln: Jedes zweite bis dritte Training mit einer Übung zu 2 Sätzen und 25–50 Wiederholungen pro Satz trainieren.
- Wadenmuskeln: Jedes zweite bis dritte Training mit einer Übung zu 2 Sätzen und 15–20 Wiederholungen pro Satz trainieren.

5 Tage Split Programm

Tag 1: Brust/Trizeps

Tag 2: Beine/Bizeps

Tag 3: Pause

Tag 4: Rücken/Schulter

Tag 5: Pause

Tag 6: Brust/Trizeps

Tag 7: Beine/Bizeps

Muskelgruppe	Übung	Sätze	WH	Methode
Brust	Bankdrücken	3	5–8*	Pyramide
	Fliegende Bewegung auf der Flachbank	2	6–10	gleiches Gewicht
	Schrägbankdrücken mit dem Kopf nach unten	2	6–10	Pyramide

Trizeps	Dips	2	5–8	mit Gewicht
	French Press sitzend mit der SZ-Stange	3	6–10*	Pyramide
Beine	Beincurl	1	6–10	abnehmender Satz 3–4 Stufen
	Kniebeuge	3	6–10	Pyramide
	Kreuzheben mit leicht angewinkelten Knien	2	10	gleiches Gewicht
Bizeps	Langhantelcurl	2	6–10	Pyramide
	Scott-Curl	3	5–8*	Pyramide
Rücken	Klimmzüge	3	max.	ohne Gewicht
	Langhantelrudern vorgebeugt	2	6–10	Pyramide
	Kurzhantelrudern einarmig	2	10	gleiches Gewicht
Schulter	Nackendrücken	3	5–8*	umgekehrte Pyramide
	Kurzhanteldrücken	2	6–10*	gleiches Gewicht

- * = Falls Trainingspartner vorhanden, in jedem zweiten bis dritten Training im letzten Satz 1–3 Intensivwiederholungen machen.
- Vor den schweren Sätzen immer einen oder zwei leichte Sätze zu je 10 Wiederholungen trainieren.
- Bauchmuskeln: Jedes zweite bis dritte Training mit einer Übung zu 2 Sätzen und 25–50 Wiederholungen pro Satz trainieren.
- Wadenmuskeln: Jedes zweite bis dritte Training mit einer Übung zu 2 Sätzen und 15–20 Wiederholungen pro Satz trainieren.

6 Tage Split Programm

Tag 1: Brust
Tag 2: Beine
Tag 3: Schulter
Tag 4: Rücken
Tag 5: Bizeps/Trizeps
Tag 6: Pause
Tag 7: Brust

Muskelgruppe	Übung	Sätze	WH	Methode
Brust	Schrägbankdrücken	3	5–8*	umgekehrte Pyramide
	Fliegende Bewegung auf Schrägbank	2	6–10*	gleiches Gewicht
	Bankdrücken	2	5–7	abnehmender Satz / 3 Stufen
Beine	Beincurl	2	6–10*	umgekehrte Pyramide
	Tiefe Kniebeugen	3	6–10	Pyramide
	Kreuzheben mit leicht angewinkelten Knien	2	10	gleiches Gewicht
	Beinstrecken	1–2	6–10	abnehmender Satz 3 Stufen
Schulter	Nackendrücken	3	5–8*	Pyramide
	Seitheben sitzend	2	8–10	gleiches Gewicht
	Rudern stehend	3	6–10	Pyramide
	Seitheben vorgebeugt	2	8–10	gleiches Gewicht
Rücken	Kreuzheben	3	6–10	Pyramide

	Übung	Sätze	Wdh.	Gewicht
	Breite Klimmzüge	3	max.	ohne Gewicht
	Langhantelrudern vorgebeugt	2	6–10	Pyramide
	Überzüge mit der Kurzhantel	2	6–10	Pyramide
Bizeps	Konzentrationscurl	2	6–10**	Pyramide
	Langhantelcurl	3	6–10*	Pyramide
Trizeps	Engbankdrücken	3	5–8*	Pyramide
	Dips	2	6–10	mit Gewicht
	French Press sitzend mit der Kurzhantel	2	6–10**	gleiches Gewicht

- * = Falls Trainingspartner vorhanden, in jedem zweiten bis dritten Training im letzten Satz 1–3 Intensivwiederholungen anschließen.
- ** = In jedem zweiten bis dritten Training im zweiten Satz mit der freien Hand selbst den trainierenden Arm für 1–3 Intensivwiederholungen unterstützen.
- Vor den schweren Sätzen immer einen oder zwei leichte Sätze mit je 10 Wiederholungen pro Satz machen.
- Bauchmuskeln: In jedem zweiten bis dritten Training mit einer Übung zu 2 Sätzen und 25–50 Wiederholungen pro Satz trainieren.
- Wadenmuskeln: In jedem zweiten bis dritten Training mit einer Übung zu 2 Sätzen und 15–20 Wiederholungen pro Satz trainieren.

Training für den Mesomorph

3 Tage Split Programm

Tag 1: Brust/Trizeps

Tag 2: Pause

Tag 3: Beine/Bizeps

Tag 4: Pause

Tag 5: Rücken/Schulter

Tag 6: Pause

Tag 7: Pause

Muskelgruppe	Übung	Sätze	WH	Methode
Brust	Bankdrücken	3*	5–8	Pyramide
	Fliegende Bewegung auf der Schrägbank	2*	6–10	Pyramide
	Schrägbankdrücken	3*	5–8	Pyramide
Trizeps	Dips	3	max.	ohne Gewicht
	French Press liegend	3*	6–10	Pyramide
	French Press sitzend mit der Kurzhantel	2**	8–10	gleiches Gewicht
Beine	Beincurl	3	6–10	umgekehrte Pyramide
	Tiefe Kniebeugen	3	6–10	Pyramide
	Beinstrecken	2	6–10	abnehmender Satz 3 Stufen
Bizeps	Kurzhantelcurl sitzend	3	6–10	Pyramide
	Langhantelcurl	3*	6–10	Pyramide

Rücken	Kreuzheben	3	6–10	Pyramide
	Klimmzüge	3	max.	ohne Gewicht
	Kurzhantelrudern einarmig	2	8–10	gleiches Gewicht
	Überzüge mit der Kurzhantel	2	8–10	Pyramide
Schulter	Nackendrücken	3*	5–8	umgekehrte Pyramide
	Rudern stehend	3	6–10	Pyramide
	Seitheben sitzend	2	8–10	gleiches Gewicht

- * = Falls Trainingspartner vorhanden, in jedem zweiten bis dritten Training im letzten Satz 1–3 Intensivwiederholungen anschließen.
- ** = In jedem zweiten bis dritten Training mit der freien Hand den trainierenden Arm für 1–3 Intensivwiederholungen im zweiten Satz unterstützen.
- Waden- und Bauchmuskeln in jedem zweiten bis dritten Training mit je einer Übung und 2 Sätzen und pro Satz 25–50 WH (Bauch) bzw. 12–20 WH (Waden) trainieren.
- Vor den schweren Sätzen immer einen oder zwei leichte Sätze zu je 10 Wiederholungen machen.

4 Tage Split Programm

Tag 1: Beine/Brust/Trizeps/Waden

Tag 2: Rücken/Schulter/Bizeps/Bauch

Tag 3: Pause

Tag 4: Beine/Brust/Trizeps/Waden

Tag 5: Rücken/Schulter/Bizeps/Bauch

Tag 6: Pause

Tag 7: Pause

Muskelgruppe	Übung	Sätze	WH	Methode
Beine	Beincurl	1	6–10	abnehmender Satz / 3–4 Stufen
	Tiefe Kniebeugen	3–4	6–10	Pyramide
Brust	Bankdrücken	3–4*	6–10	Pyramide
	Fliegende Bewegung auf der Schrägbank	2	8–10	Pyramide
Trizeps	Engbankdrücken	3*	5–8	Pyramide
	Dips	2	max.	ohne Gewicht
	French Press sitzend mit der Kurzhantel	2**	8–10	gleiches Gewicht
Waden	Wadenheben stehend	2	15–20	gleiches Gewicht
	Wadenheben sitzend	2	6–10	Pyramide
Rücken	Klimmzüge	3	max.	ohne Gewicht
	Langhantelrudern vorgebeugt	3	6–10	Pyramide
	Kurzhantelrudern einarmig	2	10	gleiches Gewicht
	Hyperextensions	2	20–25	ohne Gewicht

Schulter	Nackendrücken	3*	5–8	umgekehrte Pyramide
	Kurzhanteldrücken	3*	8–10	Pyramide
Bizeps	Kurzhantelcurl sitzend	2	6–8	Pyramide
	Scott-Curl	3*	8–10	Pyramide
Bauch	Beinheben liegend	2	20–30	ohne Gewicht
	Crunch	2	25–35	ohne Gewicht

- * = Falls Trainingspartner vorhanden, in jedem zweiten bis dritten Training im letzten Satz 1–3 Intensivwiederholungen anschließen.
- ** = In jedem zweiten bis dritten Training mit der freien Hand den trainierenden Arm für 1–3 Intensivwiederholungen im zweiten Satz unterstützen.
- Vor den schweren Sätzen immer einen oder zwei leichte Sätze zu je 10 Wiederholungen trainieren.

5 Tage Split Programm

Tag 1: Brust/Trizeps/Waden

Tag 2: Beine/Bauch

Tag 3: Schulter/Bizeps/Waden

Tag 4: Pause

Tag 5: Rücken/Bauch

Tag 6: Brust/Trizeps/Waden

Tag 7: Pause

Muskelgruppe	Übung	Sätze	WH	Methode
Brust	Schrägbankdrücken	3	5–8*	Pyramide
	Fliegende Bewegung auf der Schrägbank	2	8–10	umgekehrte Pyramide
	Bankdrücken	3	5–8*	Pyramide
Trizeps	Dips	3	max.	ohne Gewicht
	French Press sitzend mit der SZ-Stange	3	8–10*	Pyramide
	French Press sitzend mit der Kurzhantel	2	8–10**	gleiches Gewicht
Waden	Wadenheben an der Beinpresse	2	15–20	gleiches Gewicht
	Wadenheben stehend	2	20–30	gleiches Gewicht
Beine	Beincurl	3	6–10*	umgekehrte Pyramide
	Tiefe Kniebeugen	3	6–10	Pyramide
	Beinpressen	2	10	Pyramide
	Kreuzheben mit leicht angewinkelten Knien	2	10	gleiches Gewicht

Bauch	Beinheben liegend	2	20–30	ohne Gewicht
	Crunch	2	25–35	ohne Gewicht
Schulter	Nackendrücken	3	5–8*	umgekehrte Pyramide
	Rudern stehend	3	6–10	Pyramide
	Seitheben sitzend	2	8–10	gleiches Gewicht
	Schulterheben	2	10	Pyramide
Bizeps	Konzentrationscurl	2	8–10	Pyramide
	Scott-Curl	3	6–10*	Pyramide
Rücken	Kreuzheben	3	6–10	Pyramide
	Klimmzüge	3	max.	ohne Gewicht
	Langhantelrudern vorgebeugt	3	8–10	Pyramide
	Hyperextensions	2	20–25	ohne Gewicht
	Schulterheben	2	8–10	Pyramide

- * = Falls Trainingspartner vorhanden, in jedem zweiten bis dritten Training im letzten Satz 1–3 Intensivwiederholungen anschließen.
- ** = In jedem zweiten bis dritten Training im zweiten Satz mit der freien Hand den trainierenden Arm für 1–3 Intensivwiederholungen unterstützen.
- Vor den schweren Sätzen immer einen bis zwei leichte Sätze zu je 10 Wiederholungen machen.

6 Tage Split Programm

Tag 1: Brust/Waden
Tag 2: Beine/Bauch
Tag 3: Schulter
Tag 4: Rücken/Bauch
Tag 5: Arme/Waden
Tag 6: Pause
Tag 7: Brust/Bauch

Muskelgruppe	Übung	Sätze	WH	Methode
Brust	Schrägbankdrücken	1–2	5–8*	abnehmender Satz / 3 Stufen
	Fliegende Bewegung auf der Schrägbank	3	6–10	Pyramide
	Bankdrücken	3	5–7*	Pyramide
	Fliegende Bewegung auf der Flachbank	2	8–10	gleiches Gewicht
Waden	Wadenheben sitzend	2	6–10	Pyramide
	Wadenheben stehend	3	12–15	umgekehrte Pyramide
Beine	Beinstrecken	3	6–10*	umgekehrte Pyramide
	Tiefe Kniebeugen	3	6–10	Pyramide
	Beincurl	2	8–10*	umgekehrte Pyramide
	Kreuzheben mit leicht angewinkelten Knien	2	10	gleiches Gewicht
Bauch	Beinheben liegend	2	20–30	ohne Gewicht
	Crunch	2	25–35	ohne Gewicht

Schulter	Nackendrücken	3	5–8*	umgekehrte Pyramide
	Rudern stehend	3	6–10	Pyramide
	Kurzhanteldrücken	2	8–10*	Pyramide
	Seitheben vorgebeugt auf der Schrägbank	2	8–10	gleiches Gewicht
Rücken	Klimmzüge	3	max.	ohne Gewicht
	Langhantelrudern vorgebeugt	3	8–10	Pyramide
	Kurzhantelrudern einarmig	2	8–10	gleiches Gewicht
	Überzüge mit der Kurzhantel	2	6–10	Pyramide
	Schulterheben	2	6–10	Pyramide
Bizeps	Konzentrationscurl	2	8–10**	Pyramide
	Scott-Curl	2	6–8	Pyramide
	Langhantelcurl	2	8–10*	Pyramide
Trizeps	Engbankdrücken	3	6–10	Pyramide
	Dips	3	max.	ohne Gewicht
	French Press sitzend mit der SZ-Stange	2	6–10*	Pyramide
Unterarme	Handgelenkscurl	2	10	gleiches Gewicht

- * = Falls Trainingspartner vorhanden, in jedem zweiten bis dritten Training im letzten Satz 1–3 Intensivwiederholungen anschließen.
- ** = Im zweiten Satz mit der freien Hand den trainierenden Arm für 1–3 Intensivwiederholungen unterstützen.
- Vor den schweren Sätzen immer einen oder zwei leichte Sätze zu je 10 Wiederholungen machen.

Training für den Endomorph

3 Tage Split Programm

Tag 1: Brust/Trizeps

Tag 2: Pause

Tag 3: Beine/Bizeps

Tag 4: Pause

Tag 5: Rücken/Schulter

Tag 6: Pause

Tag 7: Pause

Muskelgruppe	Übung	Sätze	WH	Methode
Brust	Bankdrücken	3	6–10*	Pyramide
	Fliegende Bewegung auf der Schrägbank	3	8–10	Pyramide
	Schrägbankdrücken	3	6–10*	Pyramide
Trizeps	Dips	3	max.	ohne Gewicht
	French Press sitzend mit der SZ-Stange	3	8–10*	Pyramide
	French Press sitzend mit der Kurzhantel	2	8–10	gleiches Gewicht
Beine	Beincurl	3	8–10	umgekehrte Pyramide
	Tiefe Kniebeugen	3	10–15	Pyramide
	Kreuzheben mit leicht angewinkelten Knien	2	12	gleiches Gewicht
	Beinstrecken	2	10–12	umgekehrte Pyramide

Bizeps	Kurzhantelcurl sitzend	3	8–10	Pyramide
	Langhantelcurl	3	8–10*	Pyramide
Rücken	Kreuzheben	3	8–10	Pyramide
	Klimmzüge	3	max.	ohne Gewicht
	Langhantelrudern vorgebeugt	3	8–10	Pyramide
	Überzüge mit der Kurzhantel	2	10–12	gleiches Gewicht
Schulter	Nackendrücken	3	6–10*	Pyramide
	Rudern stehend	3	8–10	Pyramide
	Seitheben sitzend	2	10–12	gleiches Gewicht

- * = Falls Trainingspartner vorhanden, in jedem zweiten bis dritten Training im letzten Satz 1–3 Intensivwiederholungen anschließen.
- Bauch- und Wadenmuskeln in jedem zweiten bis dritten Training mit je einer Übung zu zwei Sätzen mit je 20–30 WH (Bauch) und 15–20 WH (Waden) trainieren.
- Vor den schweren Sätzen immer einen oder zwei leichte Sätze zu je 10 Wiederholungen machen.

4 Tage Split Programm

Tag 1: Beine/Brust/Trizeps/Bauch

Tag 2: Rücken/Schulter/Bizeps/Waden

Tag 3: Pause

Tag 4: Beine/Brust/Trizeps/Bauch

Tag 5: Rücken/Schulter/Bizeps/Waden

Tag 6: Pause

Tag 7: Pause

Muskelgruppe	Übung	Sätze	WH	Methode
Beine	Tiefe Kniebeugen	3	12–15	Pyramide
	Beinpressen	3	10–12	Pyramide
	Beinstrecken	3*	10–12	gleiches Gewicht
Brust	Bankdrücken	3*	6–10	Pyramide
	Fliegende Bewegung auf der Flachbank	3	8–10	Pyramide
Trizeps	Engbankdrücken	3	6–10	Pyramide
	French Press liegend	3*	8–10	Pyramide
Bauch	Beinheben liegend	2	20–30	ohne Gewicht
	Crunch	2	25–35	ohne Gewicht
Rücken	Klimmzüge	3	max.	ohne Gewicht
	Langhantelrudern vorgebeugt	3	8–10	Pyramide
	Kurzhantelrudern einarmig	3	8–10	Pyramide
Schulter	Nackendrücken	3*	6–10	Pyramide
	Seitheben sitzend	2	8–10	gleiches Gewicht

	Seitheben vorgebeugt auf der Schrägbank	2	10	gleiches Gewicht
Bizeps	Kurzhantelcurl sitzend	3	6–10	Pyramide
	Scott-Curl	3*	8–10	Pyramide
Waden	Wadenheben stehend	2	20–30	gleiches Gewicht
	Wadenheben sitzend	2	10–15	Pyramide

- * = Falls Trainingspartner vorhanden, in jedem zweiten bis dritten Training im letzten Satz 1–3 Intensivwiederholungen anschließen.
- Vor den schweren Sätzen immer einen oder zwei leichte Sätze zu je 10 Wiederholungen machen.

5 Tage Split Programm

Tag 1: Brust/Trizeps/Waden
Tag 2: Beine/Bizeps/Bauch
Tag 3: Pause
Tag 4: Rücken/Schulter/Bauch
Tag 5: Brust/Trizeps/Waden
Tag 6: Pause
Tag 7: Beine/Bizeps/Bauch

Muskelgruppe	Übung	Sätze	WH	Methode
Brust	Bankdrücken	3	6–10*	Pyramide
	Fliegende Bewegung auf der Schrägbank	3	8–10*	Pyramide
Trizeps	Engbankdrücken	3	6–10	Pyramide
	Dips	3	max.	ohne Gewicht
	French Press mit der SZ-Stange	3	8–10*	Pyramide
Waden	Wadenheben an der Beinpresse	2	15–20	Pyramide
	Wadenheben stehend	3	20–30	gleiches Gewicht
Beine	Beincurl	3	10–12	umgekehrte Pyramide
	Tiefe Kniebeugen	3	6–10	Pyramide
	Beinpressen	2	10–15	Pyramide
	Kreuzheben mit leicht angewinkelten Knien	2	12–15	gleiches Gewicht
Bizeps	Kurzhantelcurl sitzend	3	8–10	Pyramide
	Scott-Curl	2	6–10*	Pyramide

	Langhantelcurl	2	8–10*	Pyramide
Bauch	Beinheben liegend	2	25–35	ohne Gewicht
	Crunch	2	30–40	ohne Gewicht
Rücken	Klimmzüge	3	max.	ohne Gewicht
	Langhantelrudern vorgebeugt	3	8–10	Pyramide
	Kurzhantelrudern einarmig	2	8–10	Pyramide
	Überzüge mit der Kurzhantel	3	8–10	Pyramide
Schulter	Nackendrücken	3	6–10*	Pyramide
	Kurzhanteldrücken	3	6–10*	Pyramide
	Seitheben sitzend	3	10–12	gleiches Gewicht
	Schulterheben	2	10–12	Pyramide

- Falls Trainingspartner vorhanden, in jedem zweiten bis dritten Training im letzten Satz 1–3 Intensivwiederholungen anschließen.
- Vor den schweren Sätzen immer einen oder zwei leichte Sätze zu je 10 Wiederholungen machen.

6 Tage Split Programm

Tag 1: Brust/Waden

Tag 2: Beine/Bauch

Tag 3: Schulter/Waden

Tag 4: Rücken/Bauch

Tag 5: Arme

Tag 6: Pause

Tag 7: Brust/Waden

Muskelgruppe	Übung	Sätze	WH	Methode
Brust	Schrägbankdrücken	1–2	5–8	abnehmender Satz 3–4 Stufen
	Fliegende Bewegung auf der Schrägbank	3	8–10	Pyramide
	Bankdrücken	3	6–10*	Pyramide
	Dips am Holm	2	max.	ohne Gewicht
	Fliegende Bewegung auf der Flachbank	2	12–15	gleiches Gewicht
Waden	Wadenheben stehend	3	15–25	Pyramide
	Wadenheben sitzend	3	10–15	Pyramide
Beine	Beincurl	3	10–12	umgekehrte Pyramide
	Tiefe Kniebeugen	3	6–10	Pyramide
	Beinpressen	2	15–20	gleiches Gewicht
	Kreuzheben mit leicht angewinkelten Knien	2	15	gleiches Gewicht
	Beinstrecken	1	6–10	abnehmender Satz / 3–4 Stufen

Bauch	Beinheben liegend	2	20–30	ohne Gewicht
	Crunch	2	30–40	ohne Gewicht
Schulter	Nackendrücken	3	6–10*	umgekehrte Pyramide
	Rudern stehend	3	8–10	Pyramide
	Seitheben stehend, einarmig	2	10–12	gleiches Gewicht
	Seitheben vorgebeugt	2	10–12	gleiches Gewicht
	Schulterheben	2	8–10	Pyramide
Rücken	Kreuzheben	3	6–10	Pyramide
	Klimmzüge	3	max.	ohne Gewicht
	Langhantelrudern vorgebeugt	3	8–10	Pyramide
	Kurzhantelrudern einarmig	2	8–10	Pyramide
	Überzüge mit der Kurzhantel	2	10	gleiches Gewicht
	Hyperextensions	2	20–25	ohne Gewicht
Bizeps	Konzentrationscurl	3	10–12**	Pyramide
	Scott-Curl	3	6–10	Pyramide
	Langhantelcurl	2	6–10*	Pyramide
Trizeps	Engbankdrücken	3	8–10*	Pyramide
	Dips	2	max.	ohne Gewicht
	French Press sitzend mit der SZ-Stange	3	8–10	Pyramide
	French Press sitzend mit der Kurzhantel	2	8–10**	Pyramide

- * = Falls ein Trainingspartner vorhanden, in jedem zweiten bis dritten Training im letzten Satz 1–3 Intensivwiederholungen anschließen.
- ** = Im letzten Satz mit der freien Hand den trainierenden Arm für 1–3 Intensivwiederholungen unterstützen.
- Vor den schweren Sätzen immer einen oder zwei leichte Sätze zu je 10 Wiederholungen machen.

Anhang

Übungsverzeichnis

Muskelgruppe	Übung
Oberschenkel	Tiefe Kniebeugen Kreuzheben mit leicht angewinkelten Knien Beinpressen Beincurl Beinstrecken
Brust	Bankdrücken Schrägbankdrücken Schrägbankdrücken mit dem Kopf nach unten Fliegende Bewegung auf der Flachbank Fliegende Bewegung auf der Schrägbank Fliegende Bewegung mit dem Kopf nach unten Dips am Holm
Rücken	Kreuzheben Breite Klimmzüge Langhantelrudern vorgebeugt Kurzhantelrudern einarmig Überzüge mit der Kurzhantel Schulterheben Hyperextensions
Schulter	Nackendrücken Kurzhanteldrücken Seitheben sitzend Seitheben stehend, einarmig Seitheben vorgebeugt Seitheben vorgebeugt auf der Schrägbank Rudern stehend
Bizeps	Langhantelcurl Scott-Curl Kurzhantelcurl sitzend Konzentrationscurl
Trizeps	Engbankdrücken Dips French Press sitzend mit der SZ-Stange French Press sitzend mit der Kurzhantel French Press liegend

Unterarme	Handgelenkscurl
	Reverse Curl
	Hammer Curl sitzend
Waden	Wadenheben stehend
	Wadenheben an der Beinpresse
Bauch	Beinheben liegend
	Crunch

DEHNÜBUNGEN

Hintere Oberschenkel	Stehende einbeinige Dehnung Sitzende Dehnung
Vordere Oberschenkel	Stehende einbeinige Dehnung Sitzende Dehnung
Adduktoren	Liegende Dehnung Sitzende Dehnung
Unterer Rücken	Einbeinige liegende Dehnung Liegende seitliche Dehnung
Bauchmuskulatur	Liegende Dehnung auf dem Rücken Liegende Dehnung auf dem Bauch
Brustmuskulatur	Einarmige Dehnung im Stehen Partnerdehnung im Sitzen
Rückenmuskulatur	Beidseitige Dehnung im Knien Einarmige Dehnung im Stehen
Schultermuskulatur	Einarmige sitzende Dehnung vor der Brust Beidarmige stehende Dehnung hinter dem Körper
Trizepsmuskulatur	Einarmige Dehnung im Sitzen Beidarmige Dehnung im Stehen
Bizepsmuskulatur	Beidarmige Dehnung im Stehen, Hände nach unten Beidarmige Dehnung im Stehen, Hände zur Seite
Unterarmmuskulatur	Flaches Auflegen der Hände im Knien Flaches Auflegen der Hände im Sitzen
Wadenmuskulatur	Einbeinige Dehnung an der Wand Einbeinige Dehnung auf einer Unterlage

Literatur

Anderson, B.: *Stretching*. München 1996

Boeckh-Behrens, W. / Buskies, W.: *Fitness-Krafttraining. Die besten Übungen und Methoden*. Reinbek 2000 / 2003

Breitenstein, B.: *Power Bodybuilding. Erfolgreich, natürlich, gesund*. Reinbek 1999 / 2001

Breitenstein, B.: *Bodybuilding. Die besten Übungen*. Reinbek 1999 / 2002

Breitenstein, B.: *Bodybuilding. Die besten Methoden*. Reinbek 2001

Breitenstein, B. / Rossmeier A.: *Die Kraftküche*. Reinbek 2000

Degen, R.: *Der kleine Schlaf zwischendurch*. Reinbek 1997

Elmadfa, I. / Leitzmann, K.: *Ernährung des Menschen*. Stuttgart 1988

Faller, A.: *Der Körper des Menschen*. Stuttgart-New York 1995 [12]

Freiwald, J.: *Aufwärmen im Sport*. Reinbek 1991

Geiß, K.-R. / Hamm, M.: *Handbuch Sportlerernährung*. Reinbek 1992

Hartmann, J. / Tünnemann, H.: *Modernes Krafttraining*. Frankfurt 1993

Letzelter, H.M.: *Krafttraining*, Reinbek 1996

Markworth, P.: *Sportmedizin*. Reinbek 1983 / 1995

Mentzer, M.: *Heavy Duty*. 1979

Röthig et al. (Hrsg.): *Sportwissenschaftliches Lexikon*. Schorndorf: Hofmann 1992 [6]

Strunz, U.: *Die Diät*. München 2002

Berend Breitenstein

Ernährungswissenschaftler (Dipl. oec. troph.), WNBF Pro (World Natural Bodybuilding Federation)

www.berend-breitenstein.de

+++ Video „Natural Training" +++
+++ DVD „Men's Power Body" +++
+++ persönliche Trainings- und Ernährungsplanung +++

Ja, ich möchte

☐ das Video „Natural Training" (70 Minuten) bestellen. Intensive Trainingseinheiten und Zahlreiche Tipps zum Training und zur Ernährung. Motivierend und inspirierend!
Preis: 25 Euro, inkl. Versand

☐ die DVD „Men's Power Body" (80 Minuten) bestellen. Die besten Übungen für jede Muskelgruppe. Sehr aufwendig produzierte DVD, inkl. 28-seitigem Booklet zur Ernährung und Trainingsplänen.
Preis: 30 Euro, inkl. Versand

☐ eine persönliche Trainings- und Ernährungsplanung für 3 Monate bestellen. (Bitte Angaben zur Person, Trainingserfahrung, Zielsetzung und zu Ernährungsgewohnheiten etc. beilegen).
Preis: 75 Euro, inkl. Versand

Ich zahle per:
☐ **Bankeinzug**
Bank: _____
BLZ: _____
Kto. Nr: _____

☐ **Vorab-Überweisung**
auf das Konto Nr.: 1252 123276
bei der HASPA
BLZ: 200 505 50

☐ Scheck/Bargeld liegt bei

Bestelladresse:
Berend Breitenstein
Sülldorfer Brooksweg 90 a
22559 Hamburg

Fax: 040 - 43 25 33 37

E-Mail: berend.breitenstein
@t-online.de

www.berend-breitenstein.de

Name, Vorname _____
Straße, Nr. _____
PLZ, Ort _____
Tel. /Fax /E-Mail _____
Datum/Unterschrift _____